JN068183

「最高のリーダー」になる技術

思い通りの未来を築く
「バイオエネルギー理論」の活用法

香川　哲

ワニブックス
|PLUS|新書

まえがき

今、本書を手にしてくださっているのは、リーダーの立場にいる方々だと思います。あなたは、リーダーとして、周りの人に「今よりもっとよくなってほしい」と願っているのではないでしょうか。周りの人たちに進化成長を求め、「こうあるべき」「それは違うんじゃないの」「こう改善すべき」と教えたいことがたくさんあるはずです。

以前の私がそうでした。「こうあるべき」という思いで頭の中をいっぱいにし、「私がこんなに説明しているのに、なぜ、周りは私の思いを素直に受け入れないのか」と感じていました。「こうあるべき」という〝正しさ〟を教えることが、相手の進化成長につながり、結果、自分も組織も発展していくと思い込んでいたのです。

しかし、「よかれ」と相手を改善させようとすればするほど、なぜか周りの人たちは私に強く反発し、思いが通じ合わなくなっていきました。私は長年にわたって、バイオエネルギー理論という自ら開発したセルフマネジメント法を活用し、多くの人を導いてきました。そこで、この理論を用いて「人が互いに反発するメカニズム」を解明しました。そして、リーダーの方々に役立てていただこうと本書を書くことにしたのです。

人の意識の世界には、「意識」と「無意識」があります。別の言い方をすれば「表層意識（顕在意識）」と「潜在意識」です。人の意識の9割は、自分が意識できない潜在意識の世界と言われています。

バイオエネルギー理論では、この意識の9割を占める潜在意識の世界に働きかけ、あなたの中に眠る無限のエネルギーを引き出していきます。潜在意識のメカニズムを理解し、眠ったままの能力を言葉の力で目覚めさせ、活性化させていくのです。

それによって、不可能と感じることも可能になり、未来はあなたの思い通りに築かれていきます。

そのために重要な鍵を握るのが、実は、あなたが周りの人に伝えたい「こうあるべき」「それは違うんじゃないの」「こう改善すべき」という言葉なのです。その言葉には、潜在意識があなた自身に伝えたいメッセージが隠されています。あなたがそのメッセージに気づき、自らの言動を修正していけるかどうか。それによって、潜在意識が「思い通りの未来を築く」ための味方になってくれるか否かが決まるのです。

潜在意識を味方にできれば、周りの人は自ずと変わり、あなたの賛同者になっていきます。周りの人があなたに反発することもなくなります。一人ではできることも限られますが、賛同者を得ることで、あなたの世界は拡大し、素晴らしく壮大で、唯一無二の未来が開かれます。

結果、あなたは最高のリーダーとして未来を生きることが可能になるのです。

本書ではその方法を一つひとつ丁寧に伝えていきます。

最後まで読み終えた時、あなたは自分の中にゆるぎないリーダー像を築いているはずです。本書を読むことが、潜在意識を動かす練習になります。ぜひ、楽しんで読み進めていってください。

株式会社ベックスコーポレーション　香川　哲

第3章 相手を「賛同者」に進化させる技術……141

第1章

最高のリーダーになり、「思い通りの未来」を築く

最高のリーダーになるためのセルフマネジメント

トラブルを発展の原動力に

本書のタイトルは「最高のリーダーになる技術」です。

では、あなたはどんなリーダーになりたくて、この本を手に取られたのでしょうか。

人は誰もが、自分がイメージした通りのリーダーになることができます。そのためには、あなたの潜在意識を動かしていく必要があります。

これを実現させる「理論」があります。

私は経営コンサルタントとして、この潜在意識を動かしていくための理論を使って、大勢のリーダーにセルフマネジメント教育を行ってきました。

それによって多くの経営者が自身を改善し、結果、業績を大きく伸ばしています。

とはいえ、皆さん、当初は大変でした。逆境に立たされ、「自分はどうしてこんなに経営がうまくいかないんだ」と頭を悩ませていました。

赤字経営から脱却できない、従業員が次々に辞めていく、募集しても人が来ない、労働争議が起こる、受注の変動が激しい、不良品を出してしまった、顧客がクレームを言ってくる、幹部がパワハラをする、先代との関係がうまくいかないなど、それぞれに深い悩みを抱えていました。

ですが、その理論を使ってセルフマネジメント法を習得することで、皆が大きく成長しています。あらゆるトラブルを発展の原動力に転換させることで、会社の内容が改善され、規模と業績を大きく伸ばしているのです。

その理論を「バイオエネルギー理論」と言います。

バイオエネルギー理論とは、あなた自身を進化成長させていくとともに、あなたの周りにいる人も活性化させ、組織を大きく豊かに発展させていくためのマネジメント法です。

人を成長させる「技術」がある

リーダーは、人々を導いていく立場にあります。それは、人間関係の中心に身を置くということです。個性豊かな人たちを束ね、一人ひとりを成長させていくには、人間関係の達人となることが求められます。

ただ、あなたの周りにいる人たちは、それぞれ考え方が異なれば、特性も違います。そうした人たちを一つの組織にまとめ、より良い方向に導いていくことに、多くのリーダーは苦労をしています。

そうした人たちを成長と発展へと導いていくには、技術が必要です。言いかえれば、**技術さえ身につければ、最高のリーダーになる道はすべての人に開かれます。**

そのためには、何が必要でしょうか。

バイオエネルギー理論では、最高のリーダーになる方法として「6つの技術」を示しています。経営者であれば「6つの技術」を使いこなすことで、社員を成長させ、会社を発展させることが可能となります。

実際、私は**「６つの技術」を経営者の皆さんに実践してもらい、最高のリーダーへ成長するサポート**を長年にわたって行ってきました。この「６つの技術」は経営者に限らず、リーダーの立場にいる人すべてが使いこなしていくことのできる理論です。

たとえば会社には、幹部や役職を持つ人、チームリーダーやプロジェクトリーダーがいます。教師や講師というリーダー、監督やコーチというリーダー、キャプテンというリーダー、ボランティアのリーダー、地域活動のリーダーなどもいます。大人になると、誰もが何かのリーダーになる機会が多くなります。

さらに、親は家族のリーダーです。家族とは、人間関係の原点です。社会の最小単位である家族内の人間関係がうまくいっている人は、社会でも成功します。これは、人間関係の重要な道理です。

実際、私の知っている限り、社員に慕われている経営者は皆、自分の足元であり、原点である家族との円満な関係構築に努めています。円満な家族関係の構築にも、次に紹介する「６つの技術」は役立ちます。

最高のリーダーになるための「6つの技術」

技術は理解してこそ使いこなせる

最高のリーダーになるための「6つの技術」とは、次の6つです。

【1】志《こころざし》を明確に示す
【2】ギブ・アンド・テイクを徹底する
【3】明るく笑顔で相手の興味を引き出す
【4】整理整頓を仕組み化する
【5】「なぜか」という理由を伝える
【6】自力で即実行する

この６つは、ビジネスの道理とも言えます。道理とは、物事の正しい道筋のこと。いわば「できて当たり前」と言えることです。

実際、パッと見たところ、簡単そうに感じるかもしれません。

しかし、ご自身を振り返ってみてください。どのくらい実践できているでしょうか。経営者でも、この６つすべてを行えている人は限られています。私が知る限りでも、数えるほどしかいません。

ではなぜ、ビジネスの道理である「６つの技術」を使いこなせる人は少ないのでしょうか。

１つには、「６の技術」が最高のリーダーになるためになぜ必要か、理解していないからです。**技術とは、理解して使いこなしてこそ、素晴らしい能力**になります。

そこで、まずは「６つの技術」の重要性から解説していきます。

【1】志を明確に示す

人をリードする立場にいる人が、常に思い描いているのは「人をどう動かしていくと良いのか」ということではないでしょうか。

「人の悩みの9割は人間関係」と言われますが、あらゆるトラブルの根っこには、人間関係が絡んでいます。そのため、リーダーのほとんどは、「人をどう動かし、活かしていくか」とたえず考えています。

最近では「人的資本経営」という言葉もよく使われます。

社員を会社の「コスト」ではなく「財産」であり「資本」と捉え、その価値を最大限に引き出すことで、中長期的な企業価値の向上につなげる。そうした経営のあり方です。この場合、社員の待遇改善や教育費などは「投資」という扱いになります。

人的資本経営は、人事・労務部門だけでなく、今後、企業経営において当たり前に取り組んでいかなければならない喫緊《きっきん》の課題です。よって、「どうすれば良いのか」と頭を悩ませている経営者は少なくありません。

この人的資本経営も、バイオエネルギー理論を取り入れると無理なく実現できます。その具体的な方法については『人を活性化する経営―「バイオエネルギー理論」実践編』（近藤宣之・日本レーザー代表取締役会長、香川哲共著）に記していますので、詳しく知りたい方はぜひお読みください。

では、何が人的資本経営を難しくしているのでしょうか。

それは、「社員をいかに教育していくか」ということに経営者の視点が集中していることにあります。この考え方では人的資本経営は成功しません。順番が違うからです。

リーダーに必要なのは、第一に、志を持つことです。**リーダーの能力は、「志」次第**といっても過言ではありません。志は、あなたのエネルギーを活性化させます。同時に、周りの人の能力を引き出す力があります。

組織の大きい、小さいは関係なく、重要になるのが、**「この組織をどのように進化成長させていきたいか」という志（目的・目標・計画）を明確化する**こと。周りの人を成長させ、組織を今以上に発展させていきたいなら、それに見合った志が必要です。

人は、高い志を持つ人の周りに引き寄せられます。その志が魅力的で、「自分もこの人とともにがんばりたい」と思わせてこそ、人は集まり、自ずと成長していくものです。

【2】ギブ・アンド・テイクを徹底する

志を明確に示したら、次に必要になるのが、人間関係の構築です。

人間関係の基本は「ギブ・アンド・テイク」。これもビジネスの重要な道理です。必ず「ギブ（与える）」が先にある。**ギブがあるから「テイク（もらう）」がやってきます。**

ここを勘違いしている人が非常に多い。多くの人は、無意識にもテイクを先に求めます。たとえば、「お金が欲しい」という人がいます。あれこそ「テイク」を先に求めている証《あかし》。そもそも、お金の問題とは、人間関係そのものなのです。

お金が欲しいなら人を喜ばせ、幸せにし、「何かお返しをしたい」と相手に思わせるような方法（物・サービス）を提供する。これができれば、お金は自ずと集まってきます。

皆さんは、お金を「形あるもの」と考えていますが、お金とはエネルギーです。貯めるだけでは価値を生みません。使って初めて価値を生むのです。「お金はお金のある人のもとに引き寄せられる」という現象がありますが、これもお金がエネルギーだからです。**お金というエネルギーは、プラスのエネルギーを放つ人のもとに集まっていきます**。

幸せや喜びも同じ。幸せになりたいならば、人を喜ばせることを常に考えていく。そうすると、自分のところにも幸せや喜びのエネルギーが集まってきます。つまり、人を幸せにすれば、自身の幸せや喜びは必ずあとからついてきます。

ただし、次が重要です。**ギブを行う際には、必ず事前にテイクの話も相手にしなければいけない**のです。これができていない人が意外にも多いのです。

「私はあなたのためにここまでやります。ですから、あなたもこれはやってください」と伝えてこそ、ギブ・アンド・テイクは成立します。これがギブ・アンド・テイクを徹底する、ということです。一般的にテイクは自然に返ってくると言われますが、相手にきちんと伝えてこそ確実に返ってくるものです。ビジネスでは金銭トラブルもたびたび発生します。これもほとんどは、テイクの話をしていないことが原因です。

「私はこの仕事をこの納期で実施します。ですから、あなたはこの期日までにいくら支払ってくださいね」

と契約書を交わすことも、重要なギブ・アンド・テイクです。

最近増えているのは、会社のお金で資格や学位を取ったとたん、もっと条件のよい会社へ移ってしまう人たちです。会社にとっては、大金を出し、就業時間で勉強することを許すというギブだけを背負ったことになり、大損害です。なぜ、こんなことが起こるのか。答えは明白。テイクの話を事前に書面を介して行っていなかったことが原因です。

言葉で伝え、書面も交わしておくことが、ギブ・アンド・テイクの基本です。

それをやらずに、社員が資格を取ったとたんに辞めてしまったならば、それは経営者の責任です。ビジネスの道理を怠ったからです。その社員にしてみれば、キャリアアップ第一に生きることこそが「正しい道」だったのです。

ただし、労働基準法によると、労使間で契約の不履行による違約金や損害賠償金を定めてはいけないことになっています。この点には注意が必要です。

ちなみに**「ギブのみ」を行うことは、ビジネスではありません。ボランティア**です。

ボランティアをするならば、「自分がやりたいからやる」「相手にテイクは求めない」

ということを前もって伝え、自分自身も割り切っておくことです。

ここを事前に行っておかないと、人間関係はやがてうまくいかなくなります。エネルギーが一方通行になり、自分のところだけでとどまるからです。こうなると、「自分はやったのに、相手はやってくれない」と不満が増大していきます。

お互いに成長できる関係を目指すならば、ギブ・アンド・テイクを徹底すること。**エネルギーは交換してこそ、信頼し合える良好な関係を築ける**のです。

【3】明るく笑顔で相手の興味を引き出す

最近、ビジネスの世界で利害関係者（ステークホルダー）という言葉がよく使われます。この場合、顧客やスタッフ、消費者、株主など、仕事の関係者に限られます。経営するうえで影響し合う相手を利害関係者と呼びます。

一方、バイオエネルギー理論では、もともと利害関係者という言葉を使ってきました。

バイオエネルギー理論では、あなたの周りにいる人すべてを利害関係者と捉えます。

人生のパートナーも、恋人も、親も子も、兄弟も、親戚も、仲の良い友人も、疎遠になってしまった知人も、そして顧客もスタッフも消費者も株主も、**あなたがこれまで関わってきた、あるいは今、関わっている人すべてが利害関係者**です。

彼らは皆、意識していようと無意識であろうと、あなたにエネルギーを送ってくれる相手です。そしてあなた自身も、彼らにエネルギーを送っています。

ただし、プラスのエネルギーを送り合える相手は「利」、マイナスのエネルギーを送り合ってしまう相手は「害」といった、単純な話ではありません。

すべての人は、「プラス」にもなるし「マイナス」にもなります。

そして、**相手が「プラス」か「マイナス」かは、あなた自身が「そうさせている」**とバイオエネルギー理論では捉えます。

あなたがプラスのエネルギーを送れば相手はプラスになるのです。

では、あなたがリーダーとして周りの利害関係者をプラスの方向に導いていくには、どうすれば良いのでしょうか。

あなた自身がプラスのエネルギーで、明るく笑顔で周りの人と接することです。

ポイントは、**その人の「興味」や「得意」を引き出す**こと。

誰にでも興味のあることや得意なことがあります。ただ、それを本人も分かっていないことがあります。それらを引き出してあげるのが、リーダーの役目です。

難しそうに感じるかもしれません。ですが、実は簡単。相手の表情をよく見れば分かります。相手がプラスの状態にあるか、マイナスの状態にあるかは、表情に出ています。興味のあることは、話をしてみたり、実際に取り組ませてみたりすると、熱中して表情がイキイキし始めます。表情が明るくなり、笑顔も増えます。

そして、相手の興味を共有することもリーダーの仕事。**どんどん笑顔で声をかけ、こちらも関心を示しながら話を聞く**ことです。

もっとも良くないのは、何かをさせておきながら、放置すること。リーダーが関心を向け、実際に声をかけていくことで、相手は興味あることを追求し、知識を蓄え、得意な分野へと発展させていけるのです。

ただし、ビジネスの現場では、興味のない仕事もあります。好きなこと、興味のあることだけをやるわけにはいきません。人に興味のないことをやってもらうためには、どうしたら良いのでしょうか。たとえば、仕事をゲーム化することです。仕事をエンターテインメントのようにすれば、社員の興味を引き出せます。

そこを工夫していくのもリーダーの役目。例を挙げると、一つクリアするごとに評価を与えていくようにすると、リーダーの関心が自分に向いていると分かり、がんばる意欲も湧いてきます。

そのための最良の方法があります。笑顔で「ヨイショ」することです。

「いいね！」「すごいね！」「すばらしい」と**明るく笑顔で声かけができると、やがては「ヨイショ」の達人になれます**。すると、組織全体にプラスのエネルギーが流れます。それによって、すべての利害関係者をあなたの夢と志の応援者へと成長させていけます。

【4】整理整頓を仕組み化する

人の能力は、デスク周りに映し出されています。

デスクに書類などを山積みにするのは、仕事をため込む特性がある証。判断を先延ばしにした結果の表れです。多くの場合、デスク周りが汚い人は、メールの返信をすぐにしない、面倒に感じる仕事は後回しにするという特性があります。

そんなふうに判断や対応を後回しにすることをくり返していると、そこに、マイナスのエネルギーが流れ出します。

リーダーにしてみれば、ほんの少し返事を先延ばしにしただけです。その**先延ばしにする、ということもマイナスのエネルギーの表れ**なのです。

なお、「仕事が遅い」「思ったように働いてくれない」と利害関係者に感じる時には、わが身を振り返ってください。仏教の教えに「**因果応報**」という言葉があります。これはバイオエネルギー理論の重要な考え方でもあります。人にプラスのエネルギーを送れば、プラスのエネルギーが返ってくる。しかし、マイナスのエネルギーを送れば、マイナスのエネルギーが返ってきて、あなたのもとに蓄えられます。利害関係者にマイナス面を感じる時には、あなたから先にマイナスのエネルギーを必ず送っています。

そのマイナスのエネルギーの蓄積を形にして見せているのが、デスク周りです。

ここに気づけるかどうかが、最高のリーダーになれるか否かの一つの分かれ道です。

ですから、**最高のリーダーになるためには、書類を山積みにしない**こと。必要なものは整理し、必要でなくなったものは即座に処分する。メールも確認したら即返信する。ここを心がけていくと、プラスのエネルギーが自分の周りに集まってきます。

何事にも「仕組みづくり」が重要です。仕組みとは、「その通りにやれば良い」というルール化です。仕事や組織ではルールを仕組み化することが大切。その基本となるのが、デスク周りの整理整頓と言えます。これができるようになれば、物事の仕組みづくりも上手に行えるようになります。

デスクが片づけば、頭の中も整理され、生産性も上がります。しかも、整理整頓されたデスクを見て、周りの利害関係者は「このまじめできちんとしているリーダーは、信頼できる人だ」とプラスのエネルギーを送ってくれるようになるのです。

【5】「なぜか」という理由を伝える

利害関係者に何かを頼む時、リーダーは必ず「なぜか」という理由を伝えることです。

ポイントは、論理的な根拠に基づいて、物事を説明すること。論理的とは、合理性や妥当性があり、道筋をきちんと立てて考える思考のことです。

たとえば、「最近の若者は挨拶もできない」と嘆く人がいます。なぜ挨拶ができないのか。答えは一つです。理由を知らないからです。どうして挨拶が必要なのか、理由に納得できれば、その人から「挨拶をしない」という選択は消えてなくなります。

同時に必要なのは、理由を伝えたら、自分から率先して例を見せること。

「挨拶は社会人の基本だ」

そんなふうに頭ごなしに言うのではなく、自分から気持ちの良い挨拶を相手にすれば良いだけのことです。挨拶とは、相手に声を自らかけること。それは、相手にプラスのエネルギーを与えるという行為です。反対に、相手が挨拶をしないのは、実はあなたがエネルギーを与えていないという表れ。「上から目線」になっているのです。挨拶とはエネルギーの循環であり、自分からすれば自然と返ってくるものなのです。

これはあらゆる物事に当てはまります。**相手が自分の思った通りに動かないのは、理由を伝えていないから。**そして、そのやり方を自分が示していないからです。

理由に納得し、やり方が理解できて、人は初めて自分から動くことができます。

ところがリーダーの多くは頭ごなしに叱ったり、根性論で対処したりしようとします。特に、昭和の世代は注意が必要です。我々の世代は「やれと言われたら、黙ってやれ」「ダメなものはダメ」と指導されてきました。それを「教育」と捉えていました。しかし、平成・令和の若者世代は、それを「パワハラ（パワーハラスメント）」と呼びます。

そもそも、教育とは、「教えて育てる」と書きます。理由を伝えずに「やれ」というのは教育ではありません。

いつでも、どんな時も、相手に歩み寄っていくのは、リーダーから。**最高のリーダーになるためには、謙虚さと素直さこそが必要**なのです。

もっとも成長を望めないリーダーとは、「オレに黙ってついて来い」というタイプ。我の強いリーダーは、理屈を教えることなく、自分の知らないうちにパワハラをくり返しています。そうしたリーダーからは、有能な人が次々に離れていきます。

一方、謙虚さと素直さが備わったリーダーのもとではプラスのエネルギーが循環し、利害関係者たちが自ずとより良い方向へ育成されていくのです。

【6】自力で即実行する

最高のリーダーになるための総仕上げとして重要な技術が「自力で即実行する」です。

ビジネスを成功させるうえでも、リーダーは迅速に行動する力が不可欠です。

リーダーのもとには、次々に案件が舞い込みます。

その一つひとつをスピーディに対処し、結果を出すのも、リーダーの重要な資質です。

そして、周りの利害関係者も皆、リーダーにはスピードある対応を期待しています。

楽観的で機敏な行動は、多くのチャンスを引き寄せるのです。

さらに、リーダーには、結果を見通す直観力も重要です。自らの直観に従って瞬時に判断し、行動を起こしていくことができれば、何事にも結果を出していけます。

ビジネスにおいて重要なのは、結果を出す力です。「失敗は成功のもと」と言いますが、リーダーの場合、失敗は人任せにした結果の現れです。重要な案件こそ、**自ら陣頭指揮を執って自己責任で取り組んでいく**こと。陣頭指揮さえ執っていれば、どうすれば失敗せずにすむか、直観が働き、回避できます。先のことを悩んだりせず、自分の直観を信じて、前向きにスピーディに行動していく力がリーダーには求められます。そんな実行力のあるリーダーに人は憧れ、頼もしさを感じて、「この人についていこう」と魅了されるのです。

ただし、直観力が働くようになってきた時、気をつけなければいけないことがあります。自分では結果が見えているので、良いと思ったことには、起承転結を考えずに突っ走る面が出てくるのです。こうなると、周りの人は唐突に感じて混乱します。なぜ、それが必要なのかという趣旨を理解できていないからです。

ですから、直観力を働かせて動き出す場合には、ある程度めどが立った時点で、周りの人に行動の趣旨を説明し、賛同を得ることが大切です。

重要なことですから、くり返します。飛躍と拡大のパワーを発揮するためには、リーダー自身は、人に頼らず、何事も自力で成し遂げていく自立心が不可欠です。

現状に甘んじず、周りに協力を願いつつも、最終的に決定するのは自分だと、確固たる自立心を持っておくことも、リーダーの特性として大事なのです。

最高のリーダーになるための「6つの技術」

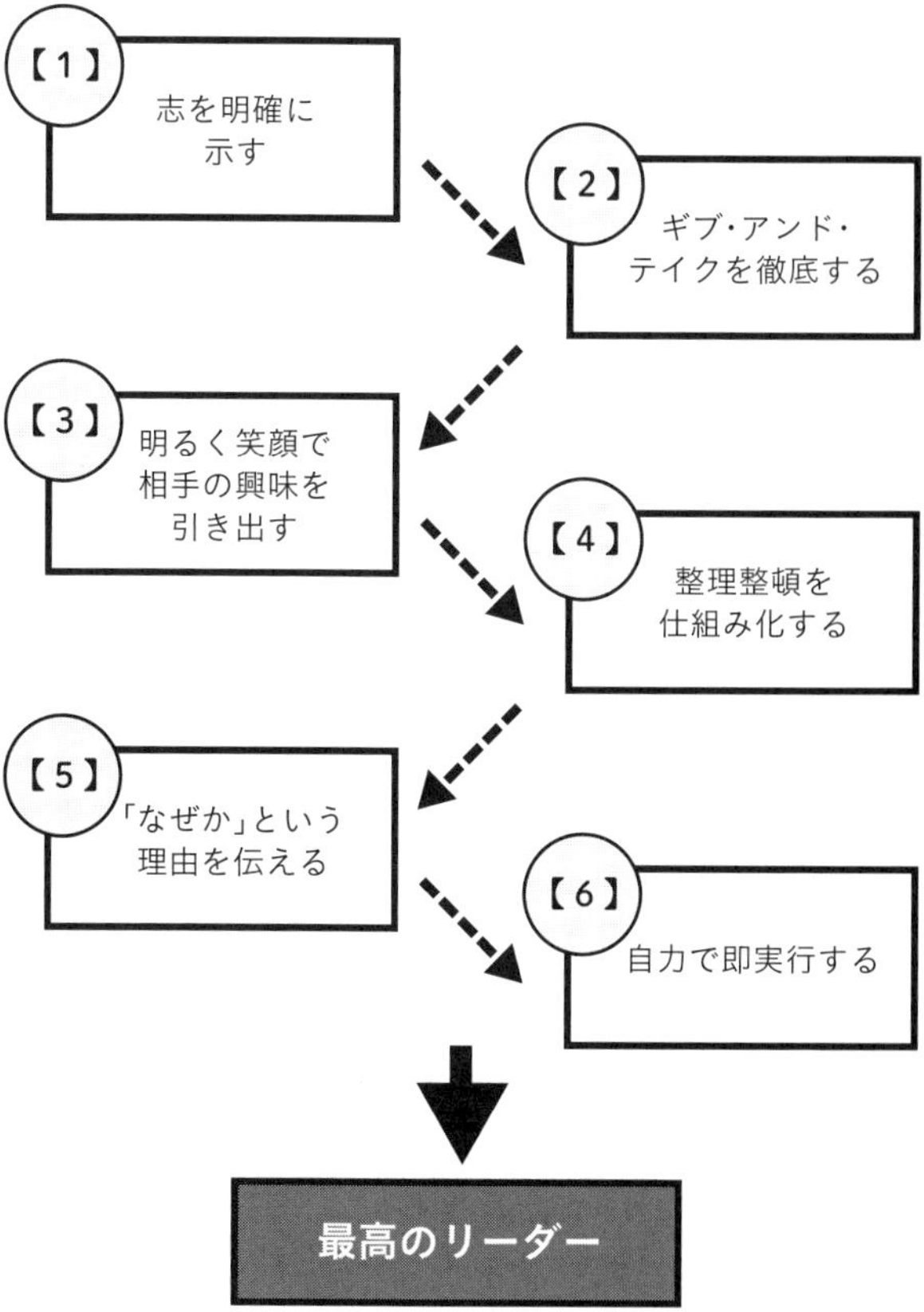

「潜在意識」を味方につける方法

「6つの技術」の実践に必要なこと

最高のリーダーになるために「6つの技術」がなぜ必要か、お分かりになったでしょうか。理解したところから、実践は始まります。この6つは、意識さえすれば、今日からでも始められます。

ところが、継続は難しい。「この考えは、自分に必要だ」と理解しても、実践に移すことより難しいのが、継続です。なぜ、継続は難しいのでしょうか。

自分が内在するエネルギーの特性を理解できていないからです。**人は、誰もが生まれながらに特別なエネルギーを持っており、それが思考や言動に影響を与えています。**この特性を理解してエネルギー活性化の方法を意識しておかないと、目的・目標がぶれて、どこに向かって進んでいるか分からず、モチベーションを維持できなくなるのです。

つまり、最高のリーダーになるためには、自分がどのようなエネルギーの持ち主なのかを認識することが重要。これを明らかにするのがバイオエネルギー理論なのです。

潜在意識の世界を動かす

では、バイオエネルギー理論とは、どのようなものか深く理解していただくため、改めて「潜在意識」について話します。

私たちの意識の世界には、意識できる部分と意識できない部分があります。

意識できる部分は全体の10％パーセントと、一般的にはとても小さい世界と捉えられています。この世界は「顕在意識」あるいは「表層意識」と呼ばれています。

これに対して、意識できない無意識の世界ははるかに大きく、全体の90パーセントを占めると言われています。この無意識の世界が潜在意識です。

意識できる世界は、誕生してから今日まで培ってきた経験や知識で構成されています。

その表層意識の世界には、自分と他人、時間（過去・現在・未来）、プラスとマイナス、善悪の区別があります。私たちは普段、それらの区別に基づいて発言し、行動します。一言でいえば「意識の力でコントロールできる世界」です。

一方、90パーセントを占める潜在意識の世界は、人類の進化の歴史から誰も経験していない未来まで、すべてを包括しています。この世界は意識でコントロールできません。**自分と他人、過去・現在・未来、プラスとマイナス、善悪などの区別がない世界**です。

未来を思い通りに築くには、潜在意識の世界を動かす必要があります。

10パーセントの限られた表層意識だけでは、能力が限定されます。しかし、**90パーセントの意識の世界である潜在意識をコントロールできれば、可能性は無限**に広がっていきます。

では、潜在意識を動かすには、どうすれば良いのでしょうか。

表層意識と潜在意識の世界は、表裏一体となって結びついています。よって、**言葉でコントロールできる表層意識を使っていくことで、潜在意識の世界を動かす**ことが可能になるのです。

表層意識と潜在意識の捉え方

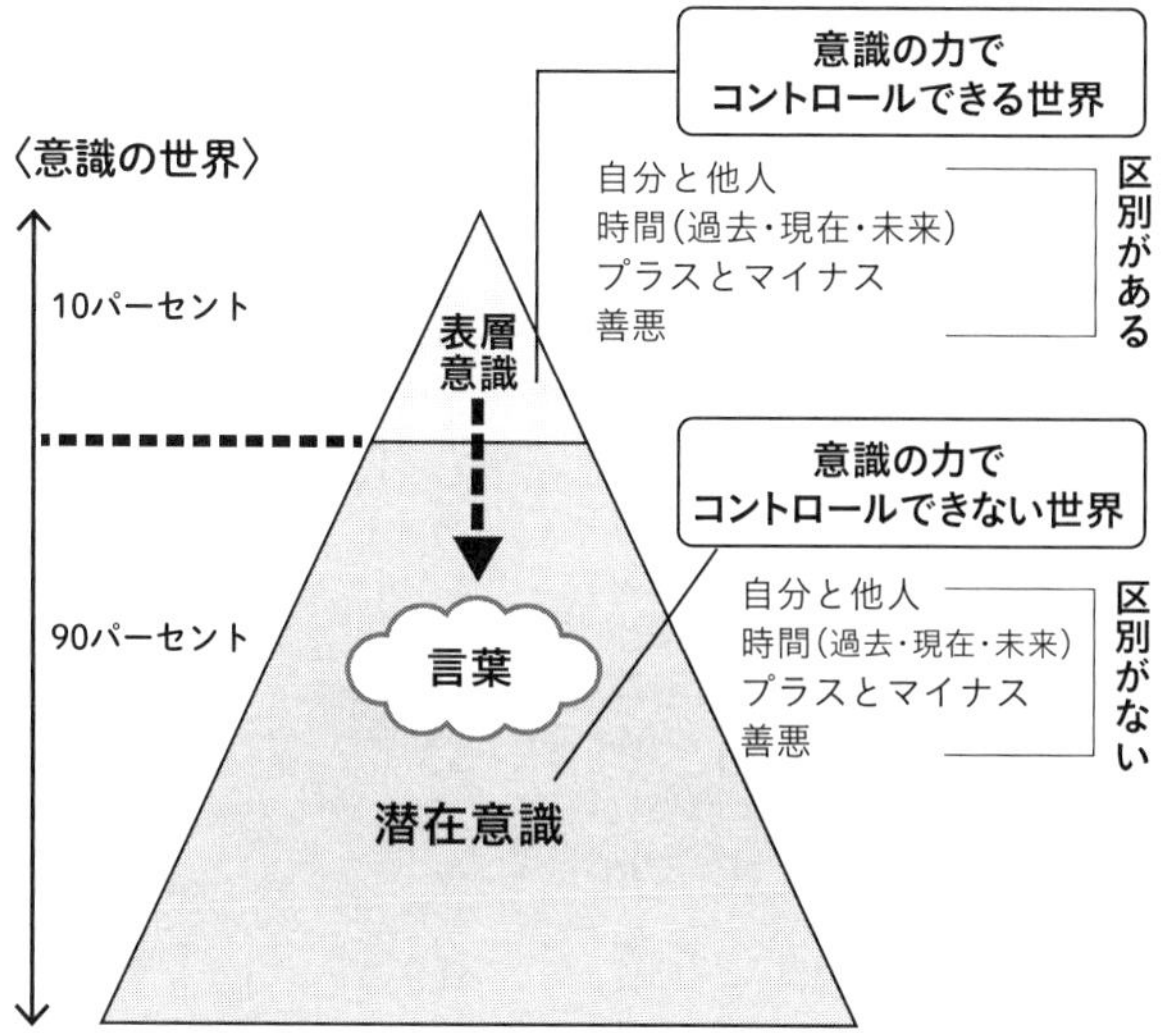

言葉は潜在意識へのハンドル！

「運」を呼び込む言葉

言葉は「潜在意識へのハンドル」です。

経営の神様と呼ばれる松下幸之助氏（松下電器〈現パナソニック〉創業者）は、採用試験の面接でこんなことを尋ねたと言われています。それは、

「あなたは運が良いですか？」

という質問です。松下氏は「はい」と答えた人を採用しました。

多くの人は運を「自分の意思や努力ではどうにもならない天命」と捉えています。

「運が向いてくる」という言葉がありますが、これこそまさに運を天命と考えている言葉。

しかし、松下氏は「自分が『運が良い』と思えば、運は良くなる」と考えていました。

つまり、運とは自分で決めるものだ、ということです。

あなたが、この瞬間、**「自分は運が良い」と決めれば、あなたは運の良いリーダー**になります。言葉というハンドルによって、潜在意識が動き出すからです。

そもそも、「オレは運が良い」というリーダーと、「オレは運が悪い」というリーダー。どちらについていきたいと思いますか？　答えは明白。「自分は運が良い人間だ」と宣言するからこそ、周りの人は安心してその人と一緒に努力できます。だからこそ、どんな状況にあっても、「自分は運が良い」と声に出して言うことです。

そのうえで、運が良くなる言葉を使っていくことが大事です。

では、どんな言葉が運を高めるのでしょうか。答えは、プラスの言葉です。

反対にマイナスの言葉を使えば、あなたの世界はマイナスに転じます。「なんでこんなこともできないんだ」など、たとえ事実であってもマイナスの発言はしない。マイナスの感情が湧いてくるのを抑えるのは難しくても、マイナスの言葉を発しないことは意識すれば可能です。いかなることも「自分が望まないマイナス」は口にしないことです。

なぜなら、言葉は潜在意識のハンドルだからです。**マイナスの言葉を使えばマイナスに、プラスの言葉を使えばプラスに、潜在意識の世界は言葉のハンドルによって動きます。**思い通りの未来を築きたいならば、リーダーはプラスの言葉を使っていくこと。言葉をどのように扱っていくかで、自分自身も、周りの世界も変わっていくのです。

トラブルの中に自己修正の気づきがある

周りは潜在意識が引き寄せた人たち

こんなことを考えたことはありますか？

「自分と利害関係者は、どのような縁で結ばれているのか」

人と人との出会いは、偶然の出来事ではありません。あなたの**周りにいる人たちは皆、あなたの潜在意識が引き寄せた相手**とバイオエネルギー理論では捉えます。

潜在意識は、すべてを包括し、自分と他人の違いもありません。ただひたすらにあなたが望んでいる世界を築くため、あなたの成長に必要な人を引き寄せてくれています。

つまり、潜在意識には、人との出会いも決定する強い力があるということ。**この壮大なエネルギーを持つ潜在意識を、バイオエネルギー理論では動かしていきます。**言葉の力で潜在意識をコントロールしていくのです。そうして、あなた自身と周りの利害関係者を成長させ、思い通りの未来を築いていきます。

あなたに「課題」を伝えてくれる人がいる

あなたの周りには、苦手な人、嫌いな人、仕事のできない人、ミスをくり返す人、人に依存する人、ウソをつく人、人をだます人、陰口が多い人などがいるかもしれません。

そうした人からはマイナスのエネルギーを感じます。そんな人たちを自分が引き寄せたはずがない、とたいていの人は考えます。好きな人や楽しい人を大切にし、ネガティブな感情を抱く人は自分の人生から排除しようとするのが、人の常です。

しかし、苦手な人や嫌いな人もやはり、あなたの潜在意識が引き寄せた相手です。

ではなぜ、ネガティブな感情を抱かせる人を潜在意識は引き寄せるのでしょうか。

一般的な意味でいう利害関係者の「マイナス」になる相手とは、バイオエネルギー理論では**「気づきを与えてくれる人（＝大事な人）」**と捉えます。

あなたが思い通りの未来を築くには、取り組まなければいけない「**課題**」があります。

その課題にこそ、あなた自身が自己修正する改善点があります。

「気づいて改善してほしい」という潜在意識からのメッセージが、実は、気づきを与えてくれる人の言動に隠されているのです。

ところが、多くの人は潜在意識からの課題に気づきもしません。そして、周りの人のマイナス面を責め、改善を求めます。

そんな言葉で改善を求めながら、無意識にも「この人が間違っている」と相手を責め、「こうあるべきだ」「それは違うんじゃないの」「こう改善すべきだ」

「自分は正しい」と自らを正統化します。

そもそも、あなたが考える「こうあるべきだ」は、あなただけの価値基準です。相手には相手の「こうあるべきだ」があります。人にはそれぞれ自分なりの正論や正攻法があるのです。

あなたが「こうあるべきだ」「それは違うんじゃないの」「こう改善すべきだ」と口にすれば、相手の中にもその人の「こうあるべきだ」が発生します。お互いに価値基準が違うので、そこからトラブルが生じます。

特に私たちは、自分よりも立場が下の人に対して、トラブルを速やかに改善したくて注意します。それが「教育」とも思い込んでいます。その言葉に相手が素直に従えば良いのですが、通常は素直に受け入れられません。

あなたが「教育」と思っているそのものが、相手にとっては理不尽極まりないことだからです。自分の正論が真っ向から否定されていると感じるのです。

ところが、多くのリーダーは、相手が素直に受け入れてくれないと、いっそう強く指摘したくなります。それは、相手にとって、なおのこと受け取りにくい。圧力《パワハラ》をかけられたと思い、心を閉ざします。

そもそも、人はトラブルを意識して起こしているわけではありません。ほとんどのトラブルは、無意識のうちに発生します。ところが、教育熱心で仕事のできる優秀なリーダーほど、「こうあるべき」という思考で頭の中をいっぱいにし、相手の言動をマイナスの言葉で指摘します。ですが、無意識に起こしてしまった事柄を強く指摘されれば、人は「理不尽だ」と感じ、反発したくなるのです。

潜在意識のメッセージに気づく

トラブルが発生し、相手に「こうあるべき」と言いたくなった時、胸に手を当てて考えてみてください。現在だけでなく、過去までさかのぼって思い出すことです。

あなたは、トラブルを起こした相手と同じようなことをした経験が、過去にあるはずです。それをきちんと解決しないまま、今日まで来てはいないでしょうか。

あなたの利害関係者は、あなたの潜在意識が引き寄せた人です。その言動にこそ、あなた自身が自己修正するための課題が隠されています。

つまり、**トラブルが生じた際に、真っ先に見直すべきは自分自身**のこと。そして、あなたが相手に伝えたい「こうあるべき」の言葉にこそ、潜在意識の課題があります。

潜在意識は、あなた自身に「それをできるようになってほしい」と願っています。その課題に取り組んでほしくて、同じトラブルをくり返させています。だからこそ、**あなたが過去に気づいて自己修正できれば、同じようなトラブルは起こらなくなる**のです。

バイオエネルギー理論で考える人間関係

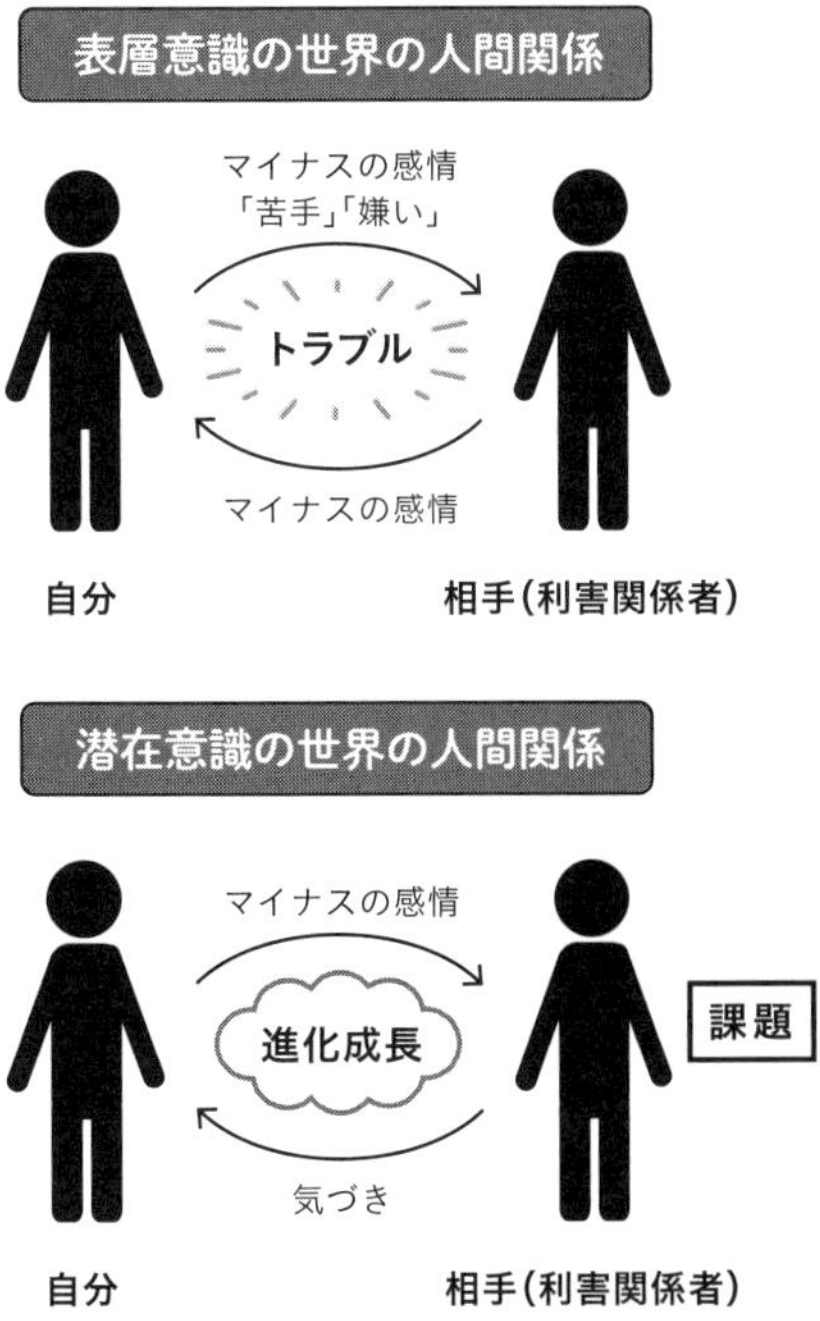

あなたが進化成長するための
「気づき」を与えてくれる

自分が変われば組織が変わり、未来が変わる

相手と自分は違うからこそ価値がある

経営者などリーダーの立場にいる人にもっとも多い悩みは、人間関係です。

リーダーは責任ある立場なので、利害関係者に対して、

「気づいて良くなってほしい」

という思いがあります。

特に経営者は、会社を成長させる責務があります。利害関係者の言動が会社の発展に大きく関わるため、「気づいて良くなってほしい」との思いが強くなります。

また、家庭の状況も重要です。もっとも身近な存在であるパートナーや子どもには、常に最高の状態であってほしいと求めがちです。

しかし、相手に改善を求める時、その自分の言葉にこそ、自分自身の気づきがある。ここを認識できるかどうかが、最高のリーダーになれるか否かにおいて重大です。


周りで起こることは、すべて自分へのメッセージである。

周りはすべて自分が引き寄せ、築き上げた世界である。

自分が気づいて自己修正すれば、周りの世界が変わり、未来が変わる。


これはバイオエネルギー理論の中核となる考え方です。

利害関係者の中には好きな人や気の合う人、一緒にいて楽しい人がいれば、苦手な人、嫌いと感じる人もいるかもしれません。しかしながら、すべての人は、あなたの潜在意識が引き寄せた相手です。

バイオエネルギー理論では、人間を一個のエネルギー体と捉えます。

たとえば、電流はプラスとマイナスの間を流れます。プラスどうしでは電流は流れません。人のエネルギーも同じです。同じタイプの人とは、分かり合うことができます。

しかし、組織を発展させるような活性化したエネルギーは生まれません。

一方、自分と正反対の人とは、分かり合うことが困難です。けれども、相手は自分にないものを持っています。そこにこそあなたが進化成長していくための価値があります。

あなたが相手を受け入れ、エネルギーを送れば、相手からもエネルギーが返ってきます。そのエネルギーはあなたが送ったものとは、まったく別の価値を持つエネルギーとして返ってきます。

バイオエネルギー理論では、自分と周りが異なるエネルギーを交換させた時に、未来を変えるほどのエネルギーが生まれると考えています。そうした異なるエネルギーの蓄積が、あなたの世界を豊かなエネルギーで発展的な環境に育てていきます。

未来をより良く変える方法

私たちは未来を変えていくことはできますが、「過去」を変えることはできません。

なぜでしょうか。**「過去」とは、「結果の世界」**だからです。

現在、私たちがいる環境は、「過去の自分の言動によって築かれた世界」である、とバイオエネルギー理論では定義しています。

つまり、あなたが見ている今の世界は、「過去の思いと言動の結果の世界」です。すべての中心はあなたにあります。今ある周りの世界は、あなたの潜在意識が引き寄せた結果の世界なのです。**周りのすべての人は、あなたを中心に回っている。**この意識を持てるかどうかで、リーダーの特性は違ってきます。

ところが大多数の人は、現在の世界が「今の自分が望む形」でないと、自分が望む形に一生懸命に変えようとします。それが、「こうあるべきだ」との言葉を生みます。相手に改善を要求する言葉になって現れてくるのです。ですから、変えることのできない過去の結果に対して、

「こうあるべきだ」「それは違うんじゃないの」「こう改善すべきだ」

などと、こんな言葉を使っている時、**今を変えようと必死に独り相撲を取って、エネルギーを無駄遣いしている状況**にある、と気づくことが重要です。

とはいえ、リーダーという立場にいると、「こうあるべきだ」「こう改善すべきだ」

「それは違うんじゃないの」と相手に改善を要求したい思いが強くなることはあります。

そうした時には、どうするとよいでしょうか。

大事なのは、言葉を発する前に、ワンクッション置くことです。そして、こう考えてください。

「すべての中心は自分にある。『自分が相手にそうさせた結果』の現象が今、現れている。これは潜在意識からのメッセージであるのだから、しかたがない」

まずは気づいて、そう受け入れることです。

大切なことなのでくり返します。相手はあなたが成長していくために必要な気づきを与えてくれる存在です。

あなたに自己修正してほしい課題があって、潜在意識がその相手や状況を引き寄せている、ということです。

ここに思いが至ると、自分と相手の間にエネルギーが流れ出します。

それによって、場面が変わります。過去の出来事をプラスに捉える**「今」の認識が「未来」を変えていく**のです。

「過去」は変えられないが「未来」は変えられる

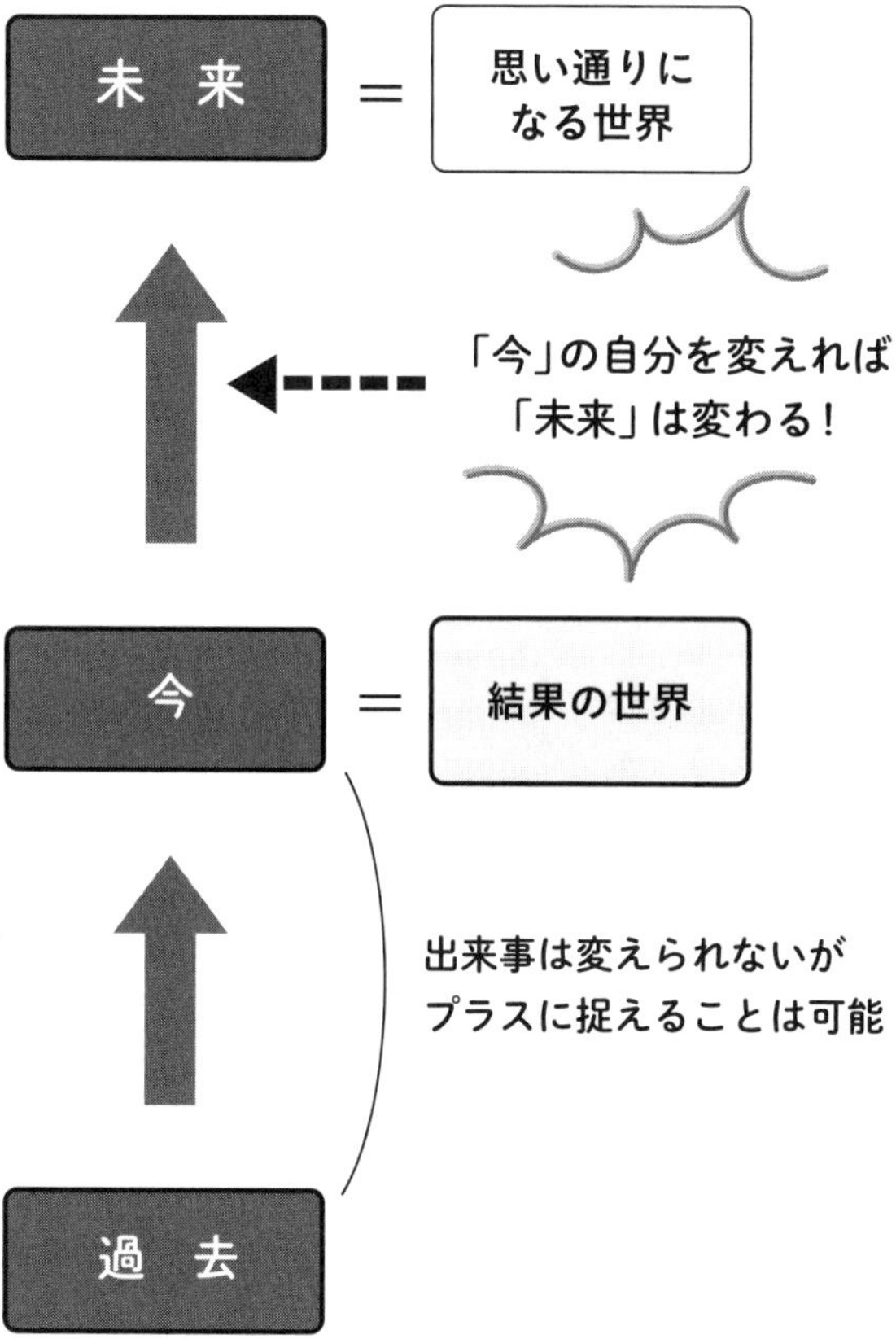

トラブルに感謝をすれば、人生は変わる

「ありがとうございました」に込められる意味

人間関係にトラブルはつきものです。トラブルに見舞われると大変です。ストレスも大きくなります。こんな思いはもうまっぴらだと感じるかもしれません。

だからこそ、人はトラブルを避けようとします。その思いが、トラブルを起こしそうな人を正そうとしたり、「あの人はいくら教えてもダメだ」と遠ざけたりする言動になって現れます。

そうしたことを行っている限り、**潜在意識は何度でも同じような人をくり返し引き寄せます**。あなたが避けようとする「そのこと」にも、潜在意識があなたに伝えたい課題はあるからです。

潜在意識からの課題は、自ら取り組まない限り、生涯追いかけてきます。しかも、あなたに気づかせようとするエネルギーも増大します。それによって、トラブルの規模もますます大きくなっていきます。

言いかえれば、トラブルを起こした人に、損な役回りをさせているのは、あなた自身です。**原因も責任も、相手ではなく、自分自身にある。**ここに気づかなければ、結果として、あなたは自分にも周りにも、理不尽極まりないことを、永遠にくり返すことになるのです。

では、この堂々巡りから抜け出すには、どうすれば良いのでしょうか。

まず、気づくことです。利害関係者がミスやトラブルを起こした時、ネガティブな感情を抱く人と出会った時など、そこには潜在意識からの課題が隠されています。そこにまず気づいてください。

次に、**「ありがとうございました」と言葉にします。**

「ありがとう」は漢字で書くと「有り難う」となります。

「難」が「有る」と書いて「ありがとう」。

つまり、「**ありがとうございました**」という言葉を私たちが発した時、「**難が有りましたけれども、気づきました。これからプラスに変えていきます**」

そう潜在意識に宣言したことになるのです。

宣言することで、潜在意識に「気づきましたよ」と伝えることができるのです。

原因の追及はせず、プラス思考をする

「ありがとうございました」と潜在意識に宣言したら、次に重要になるのがどんなトラブルが起こったとしても、**マイナスの現状（事実）をコメントしない**ことです。

トラブルが生じると、原因を追及したくなります。

しかし、潜在意識の世界には、自分と他人の区別がありません。一人称も二人称もない世界です。つまり、「私」しかいないのです。しかも、マイナスもプラスも、善悪の違いもありません。

潜在意識は、ただただ、あなた自身の言葉を鵜呑みにします。

たとえば、「なんで同じミスをくり返すんだ！」と相手を責めたとします。すると、潜在意識は「同じミスをくり返してほしいんだ」と鵜呑みにして「同じミスをくり返す人」を再び引き寄せます。あなたがそれを望んでいると判断するからです。

つまり、たとえ事実であってもマイナスの発言をするのは、怖いことなのです。

ところが、このことを理解していない人が非常に多い。その代表が、批判、愚痴、悪口を言う人です。一般に、**物事が思い通りにならない人は、思い通りにならないことを事実としてコメント**しています。自分は事実や正論を言っているつもりでも、その言葉をいちばん聞いているのは自分自身。そして、潜在意識なのです。

だからこそ、マイナスは口にしないこと。

コメントするのは、自分が望んでいる未来のことだけ。

いかなる時にも**プラスの世界を言葉にし、プラスで対応**することによって、マイナスの出来事は減り、プラスの出来事が次々に引き寄せられていくようになるのです。

「今」は自分がつくり、引き寄せた結果の世界と気づく

「マッチポンプ」を今すぐやめよう

では、いったいどうすると、私たちは思い通りの未来を築けるのでしょうか。本章のまとめとして、ステップ1からステップ3を紹介します。この順番で進めていくと、あなたの未来はプラスの世界に確実に進化します。

まずステップ1では、「今」とは自分がつくり、引き寄せた結果の世界だと気づくことです。**この世に「偶然」は一つもなく、すべてが「必然」**とバイオエネルギー理論では考えます。

ところが、人は皆、意図《いと》しないことが起こると、「自分のせいではない」と他人事のように考えます。しかし、**今ある世界はすべて「自分が引き寄せた結果の世界」**です。

では、どうして自分の意図しないことが起こると、とっさに人は「自分のせいではない」と考えるのでしょうか。

背景には、「自分と周りは、まったくの別人」との思い込みがあります。それこそ、今起こっていることを他人事と感じている表れです。

潜在意識の世界には、自分と他人の区別がありません。自分と相手の境界もありません。すべて**自分が引き寄せ、自分がつくった世界。その中心に、あなたはいる**のです。

そして、利害関係者とは、あなたの潜在意識そのものです。だからこそ、周囲で起こったトラブルについて言及すると、あなたが望んでいると思って、潜在意識はそれと同様のトラブルを忠実に再現してくれるのです。

くり返しますが、**言葉とは、潜在意識を動かすハンドル**です。あなたが言葉にした結果は、現実世界に鮮明に表現されます。

よって、トラブルが起こった瞬間に潜在意識から問われているのは、あなた自身が、**「トラブルという現象と向き合い、これまでの自分の対処の仕方をどう変えるか」**です。そうだというのに「他人の責任を追及する」という同じ対処の仕方をくり返していませんか。

トラブルを人のせいにすることは、まさにマッチポンプです。

自らマッチで火をつけておいて、自分で水をかけて消す、という自作自演がマッチポンプ。トラブルのマッチポンプとは、自分ではなく外部に原因があると考え、周りの人や何かのせいにして、改善を求める。つまり、**同じトラブルのくり返しは、自作自演を**しているに過ぎません。

ほとんどの人が、そんなことに貴重なエネルギーを費やし、無駄遣いをしています。

それで最高のリーダーになることはできるでしょうか。

マッチポンプのような無駄をやめるには、気づくことが第一。嫌なことほど、自分自身が相手に「そうさせた結果」であると気づくことが大切なのです。

すべては自分が引き寄せている

すべては自分が中心で、周りは自分が引き寄せた世界。そう考えると、**日常生活での**

あらゆる場面が、潜在意識を言葉で動かしていく練習の場になります。

たとえば、電車の中で迷惑行為をする人がいます。電話をしたり、大声でおしゃべりをしたり、座席に荷物を置いたり、車内で食事をしたり、お化粧をしたり、「そんなこと、電車の中でしなくてもよいだろう」と思うことをする人と居合わせることがあります。

その迷惑行為にも、あなた自身の気づきがあります。

「この人は、どうしてこんな迷惑なことをするのか」「電車内でやるべきことではない」と不満に思えば、自分のエネルギーをマイナスにするだけですが、「すべては自分へのメッセージ」と捉えて、「自分もかつて、同じようなことをした経験がないか」と我が身を振り返り、「気づきました。ありがとうございました」と感謝する。こうすると、潜在意識をプラスに働かせる機会と捉えることができます。

一見するとマイナスの現象は、すべて潜在意識をプラスに働かせる練習材料になるということです。練習は、くり返せばくり返すほど、精度が上がります。そうやって成功体験を積み重ねていくと自信がつき、予測していないようなトラブルに遭遇した際に、気づきを得るチャンスだと、思考をスムーズに切り替えられるようになります。

すると、潜在意識の世界が変わっていきます。あなた自身が課題をクリアしたことで、同じようなトラブルを引き寄せなくなるのです。

車の運転中にもこの練習はできます。たとえば、交通渋滞にはまった時には、すべての中心は自分にあり、周りは自分が引き寄せた結果と考えてみてください。「私が渋滞を引き起こした」と気づき、周りの車に「迷惑をかけました」と考える。すると、渋滞の中にいてもマイナスの感情を持たずにすみますし、潜在意識をプラスに働かせる練習ができるのです。

そうやって、**日常生活の一つひとつを気づきの練習の場としていくと、社会生活の中での問題解決が簡単に感じられる**ようになります。

「ラッキー」も自分が引き寄せた出来事

私たちの世界には、嬉しいこと、楽しいこと、幸せなこともたくさんあります。プラスの出来事も、すべては潜在意識が引き寄せた結果です。

ただし、ここに気づけない人たちもいます。自分が引き寄せたプラスのことを、「ラッキー」と思って流してしまう。それでは、「ラッキー」はその場限りの出来事で終わり、発展につなげられません。

潜在意識は、自分の言葉に強く反応します。

プラスのコメントをすればするほど、潜在意識は「そうしてほしい」と望んでいると思って、プラスの世界を築き上げてくれます。

ここに気づけると、人は一生プラスを引き寄せていくことができます。

「自分が引き寄せた結果」と気づいて、プラスのコメントを意識して口にしていくことで、次からはプラスの出来事が必然的に起こってくるからです。

つまり、良いことも悪いこともすべて「**今ある世界は、自分の潜在意識が引き寄せた結果**」と気づき、「**潜在意識、ありがとうございました**」と言葉にしてください。気づくことで、私たちはステップ２へと進んでいけます。

「今」に納得し、「気づきました」と宣言して過去の言動を清算する

ひと呼吸の「6秒間」が未来を変える

生きていれば、自分が意図しないことはくり返し起こってきます。何か予期せぬトラブルが起こった時、大切なのは、ひと呼吸置くこと。すぐに言動に移すのではなく、「ちょっと待てよ」と、まずは心の中でひと呼吸置きます。

そして次が重要です。この意図しない出来事は、「自分が相手にそうさせた結果」と考えることです。

通常、人は「トラブルは自分のせいではない」と反射的に責任転嫁します。ですが、ひと呼吸を置くことができると、「これは自分への大切な気づき（潜在意識からのメッ

セージ）だ」と判断するための時間的な余裕を持てます。

時間にすれば、わずか６秒。この６秒間を持てるかどうかで、未来はまるで違う方向へ進んでいきます。


「自分の過去の言動がそうさせた結果なのだから、しかたがない」と判断し、すべて納得し、**「ありがとうございました。気づきました」**と宣言する。


この時点で過去が清算されます。

その瞬間、潜在意識の世界の場面が自然に変わっていくのです。

潜在意識の世界とは、自分でがんばって変えるものではありません。あなた自身が気づいた時点で自然に変わっていくものです。

そうして場面が変わると、潜在意識がプラスに動き出します。すると、周りの人たちも変わり、あなたの志を応援する味方になっていきます。周りの人たちは、あなたの潜在意識そのものであるとお話ししました。だからこそ、あなたが変われば、周りの人たちも自ずと変わるのです。


この時点から、未来はより良い方向へ動き出していきます。

思い通りに進んだ時の成功体験を積み重ね、絶対的自信を持つ

自分の思いをプラスの言葉で伝える

場面が変わることによって、相手に思いが通じるようになります。ここまでくると、潜在意識からの課題は、ほぼ達成したようなものです。

ところが、最後の仕上げができていない人が、意外にも多いのです。**相手にあなたの思いをきちん伝えることこそが、最後の仕上げ**です。ここにきて、ようやく人を教え導くことが可能になります。それこそが教育です。つまり教育とは、「自分がこの人にそうさせている」と気づいたうえで、相手が理解し、素直に受け入れやすいように、

「自分の考えを優しく、おおらかに、正直に、前向きに、単純明快に、にこやかに、はっきりと伝えること」

これができれば相手も気づきを得て、自ら変わっていきます。つまり**教育とは、ステップ1からステップ3の順番で進めていくこと**で成立するものです。

事実、プラスの言葉をプラスのエネルギーにのせて相手に伝えることで、相手のエネルギーもプラスに転じ、あなたを信じてついてきてくれるようになります。

なお、**相手が気づくためには、気づけるだけのエネルギーが必要**。気づくという行為には、多くのエネルギーがいります。エネルギーのない人に気づくことは不可能です。

特に未熟な人には、褒めたり、声をかけたりすること。あなたからプラスのエネルギーを送り、自信を持たせることが不可欠です。

そして次に大事なのが、リーダーの立場にある人は、周りの人すべてを「**自分よりも気づきを得られない立場である**」と考えることです。ナンバー2、ナンバー3の立場にいる人に対しても同じです。「自分と同じ」と考えると「なんでできないんだ」とマイナスの感情が生まれますが、「気づけない立場」と思えば、プラスのエネルギーを優しく注ぎ続けることができます。

特に、「明らかに自分は悪くない」と思っている時ほど、人は上から目線になりやすくなっています。

たとえば、通販で買い物をして、その商品がうまく作動せず、お客様センターに問い合わせた際、相手から心ない対応を受けたりすると、思わずカッとなって感情的に「こうあるべき」とコメントしがちです。しかし、**明らかに理不尽な対応も、潜在意識からの気づき**です。相手は「自分よりも気づきを得られない立場にある人」と思えば、優しくおおらかに対処できます。そして、あなたが相手に伝えたいその「こうあるべき」「なぜ、もっと分かりやすく伝えてくれないのか」という言葉の中に、あなた自身の気づきがある。どんな時にも、あなたの世界は、あなたを中心に回っているのです。

ステップ1からステップ3まで実践することに、最初は難しさを感じるかもしれません。ですが、練習を積んでいくうちに、あなた自身の「バイオエネルギー」が必ず活性化し、実践できるようになります。

そのためには、一つひとつ成功体験を積み重ねていくことです。成功体験は、行動してこそ得られます。「こんな未来にしていきたい」と思うことを行い、さまざまな**成功**

体験を積み重ねることで、何があっても動じない絶対的自信を持てるようになるのです。

自分が気づき、絶対的自信を持つことで、すべてがプラスに向かっていきます。潜在意識が「あなたの進化成長のために気づきを与えよう」と課題を出す必要がなくなるからです。それによって、マイナスはすべてプラスに転換されて、あなたの未来は思い通りに進化成長していくのです。

ただし、自分の口から相手に伝えることが難しい場合も、時として起こってきます。変化をかたくなに拒む人が時にはいるからです。「この人に負けたくない」という感情を相手が持っている場合、なおのこと、こちらの言葉はプラスのものであっても届かなくなります。そうした人にも、周りに心を許せる人が必ずいます。

この場合には、第三者を通じて相手が納得できるように優しく伝えてもらうことです。そうした配慮も時には必要となってきます。

それでは次章からは、あなた自身に内在する「バイオエネルギー」と活性化する方法について解説していきます。

第1章 まとめ

最高のリーダーになるための「バイオエネルギー活用法」

ステップ1

自分の周りで起こる、良いことも悪いこともすべては過去の自分の思いと言動の結果。

自分がつくり、引き寄せた結果の世界であると気づく。

▼マイナスのコメントは一切しない。

言った通りの現象を潜在意識がつくってくれるので、何事にもプラスの言動を心がける。

ステップ2

過去の言動の結果が「現在の世界」に現れている。

プラスの現象もマイナスの現象も自分がつくった結果と認識する。

特にマイナス現象は「しかたがないことだ」と納得し、

ステップ 3

「ありがとうございました」と宣言して、過去の言動を清算する。

▼自然に場面がプラスに転じて周りが良い方向に変わり、同じようなトラブルは一切起こらなくなる。

さまざまな成功体験を積み重ねることで、何があっても動じない絶対的自信を持てるようになる。

周りの人々に自分の思いを「優しく、おおらかに、正直に、前向きに、単純明快に、にこやかに、はっきりと伝えて」人を正しく導く。

▼周りで起こるマイナスは、すべてプラスに転換されて、未来は思い通りに進化成長していく。

▼思い通りの未来が築かれる！

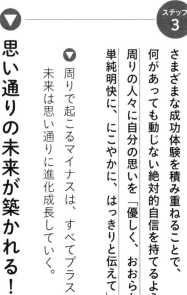

第2章

「バイオナンバー」から自分の魅力と強みを知る

「表層意識」「潜在意識」を数字化した世界初の理論

人は皆バイオエネルギーに支配されている

それでは、バイオエネルギー理論について具体的にお話ししていきます。

バイオエネルギー理論とは、「人間が生まれながらに持っている基本的な行動特性」に影響を及ぼす、生命エネルギーを体系化した法則です。

人が内在するエネルギーを活性化することによって、その人が持つ能力を最大化する方法論でもあります。

この理論は、「表層意識」と「潜在意識」を数字化した世界初の理論であり、1991年に米国ビジネス特許も取得しました。

このことの理論化に成功したのが1982年。その後、延べ5000人以上のリーダーたちに、バイオエネルギー理論を活用してセルフマネジメント教育を行ってきました。

では、なぜ、バイオエネルギー理論を活用することで、人や企業のマネジメントが可能となるのでしょうか。

人は皆、**生まれながらに持っているバイオエネルギー（生命エネルギー）に支配されているため**です。思考も性格も成功も幸せも、この世界で起こっていることのすべては、バイオエネルギーが起こす現象だと、バイオエネルギー理論では捉えます。

自分がどのようなエネルギーに動かされているのか。ここを理解できれば、自ら無限の可能性を引き出せるようになります。潜在意識をより効率的にコントロールできるようになるのです。

複雑な人間関係を単純明快にする

バイオエネルギーとは、具体的にどのようなものでしょうか。

地球上の物質は、無数の粒子の結合によってつくられています。

人間も例外ではありません。人間も他の生命体と同じく、無数の粒子が結合することで誕生し、成長していきます。

では、この粒子そのものは、どこからもたらされるのでしょうか。

答えは宇宙です。つきつめていくと、人間を超越した世界、すなわち宇宙の意志にたどりつきます。このことは、物理学者の多くが明言しているところでもあります。

その宇宙の意志から放出されたエネルギーが、私たち人間にもあるということです。

このことを発見した我々は、人が内在する宇宙のエネルギーを「バイオ（生命）エネルギー」と名づけました。

その**バイオエネルギーこそが、私たち人間が「何を考え、どう行動するのか」という言動や思考を決定づける基本要因**となっています。

脳を著しく発達させた人間は、人によって特性も思考も違ってきます。

ところが一方で、共通点を持つ人たちもいます。それは養育環境や教育、周りの人たちから受ける影響などだけでは説明のつかないところがあります。

たとえば、初対面から妙に気が合う人がいます。「自分の思考回路とそっくり」と感じる人もいます。一方で、「なんだか苦手」「気が合わない」と思う人もいます。長く一緒に暮らしながらまるで分かり合えない人もいます。

ある人とは愛し合うこと、信じ合うことができるのに、ある人とは憎み合い、傷つけ合うこともあります。

こうしたことを言葉にすると、「人間関係の複雑さ」と表現されます。

人間関係は複雑で難しい。人と人は、分かり合えなくても仕方がない。そう思い込んでいる人も多いはずです。

しかし、「自分とあの人は違うから、理解し合えなくても仕方がない」と諦めてしまったら、リーダーは人を導いていくことはできません。

そこで、**バイオエネルギー理論を導入すると、人間関係の複雑さが単純明快**になります。自分のことも、相手のことも、周りの世界のことも、客観的に理解できるようになるからです。

バイオエネルギーの数字化に成功

思考や気持ちのあり方を言語化できる

バイオエネルギーが一人ひとりに発生するのは、いつでしょうか。

自らの意思で呼吸した瞬間。すなわち誕生時です。その時に、宇宙の法則の中の生命体の一つとして、宇宙のエネルギーが与えられます。

宇宙が発するバイオエネルギーには、一定の周期があります。このため、**生まれた日によって、与えられるエネルギーの特性も異なります**。

そのことを発見した我々は、独自のアルゴリズムで数字化し、データ検証（仮説検証）をくり返し、バイオエネルギー理論として実用化しました。

検証されたデータはすでに100万人を超え、現在も科学的な検証を続けています。

バイオエネルギー理論には矛盾がなく、単純明快です。**「バイオナンバー」という数字でエネルギー特性を示している**ため、あいまいさがないのです。

また、バイオエネルギー理論を活用すると、人の思考や気持ちのあり方を言語化できます。本来は目に見えない思考や気持ちを言葉にできるので、自分を深く理解し、利害関係者とのコミュニケーションもプラスに発展します。

だからこそ、多くの経営者がバイオエネルギー理論の習得を求めるのです。**自己の活性化、人間関係の調和、スタッフの適性把握、組織づくりなどに活用**できるからです。

また、バイオエネルギー理論に基づいて開発した「適性心理分析テストＰＬＵＳ®」を採用に活用する企業も増えています。本人も気づいていないエネルギー活性化の度合いが数値で示されるので、最適な採用が可能になるのです。

人は36タイプにわけられる

バイオエネルギーは、基本因子となる「１」から「６」までの数字で表されます。

その6つの基本因子を3つ組み合わせているのがバイオナンバーです。このバイオナンバーに、人の特性が表れています。

バイオナンバーは36通りあります。つまり、**すべての人は、36グループのバイオナンバーに分類**できます。バイオナンバーは生年月日から算出されるため、同じ生年月日の人は、同じバイオナンバーを持つことになります。

ただし、同じ生年月日であっても、人はそれぞれ異なる人生を歩みます。基本的な気質や行動パターンはバイオエネルギーで決まるのですが、後天的な要因は人によって異なります。親や兄弟など家族との関係や、家庭環境の違い、受けてきた教育、周辺の自然環境、交友関係、文化、宗教など、人生の中での1分1秒すべてが、人によって異なっています。この後天的な要因によって、表に出てくる言動や思考のパターンは違ってきます。

同じバイオナンバーでありながら、表に出てくる言動や考え方が異なるのは、このためです。それほど、私たちの**バイオエネルギーは、生まれた育った環境や教育、社会などに影響を受けやすい**ということです。

バイオナンバーは３つの数字から成る

バイオエネルギーの大きさ

※バイオナンバーが「123」の場合

▽

	第１数	第２数	第３数
	1	2	3
エネルギーの大きさ	2番目 30%	1番目 60%	3番目 10%

36通りのバイオナンバー

112	123	134	145	156	161
213	224	235	246	251	262
314	325	336	341	352	363
415	426	431	442	453	464
516	521	532	543	554	565
611	622	633	644	655	666

「原点」を認めてこそ生きる覚悟が定まる

人生の原点は「生年月日と親と名前」

バイオエネルギー理論では、この世界で起こることはすべて必然と考えます。人の誕生も偶然ではなく、必然です。

「私たちは、『この日、この宇宙のエネルギーを受けるため、この親を選び、人生をまっとうできるよう名前も自ら親に決めさせて、誕生する』と覚悟して生まれてきた」

とバイオエネルギー理論では捉えます。

私たちは誰もが、生年月日も親も名前も自分で選び、この世界に生きる理由があってやってきています。この思考こそが、人生を自ら切り開いていく覚悟を生みます。

生年月日、親、名前こそが、人生の原点だからです。

原点が揺らいでは、トラブルが起こった時に思考がふらつきます。トラブルを真っ先に人のせいにする言動は、生きる覚悟を持てていない証です。

そして、トラブルを人のせいにする思考の持ち主は、「自分の人生がうまくいかないのは、生まれ育った環境が悪かったせい」と心のどこかで思っています。自分の原点を肯定できていないと、わずかな刺激にも心が揺らぎやすいのです。

しかし、そんな**心の揺らぎも、「生年月日、親、名前という自分の原点は、自分で決定した結果」との覚悟を持つことで、消えていきます**。

生きることへの軸を自分自身に置けるからです。すると、人生がうまくいかないのは「環境のせい」、トラブルが起こるのは「人のせい」と考えるネガティブな思考が消え、あらゆることは自分で選び抜いた結果と素直に思えるようになります。

そして、これまで人生で起こったことのすべては、自分が成長するために必要だったと気づくことができます。すると、この世に誕生してきた必然性が見えてくるのです。

自分はこの世界に必要とされて誕生した存在である。そう自分自身を肯定できると、これからの人生、**自分に何が求められているのかが認識できる**ようになります。

最高のリーダーになり、未来を思い通りに築いていくには、この思考が不可欠です。自分の世界で起こることは、すべてがエネルギー現象であり、自ら引き寄せた結果の世界が「今」です。今、私たちが「ここ」にいるのは、誕生日と親と名前を自ら引き寄せた結果。ここがバイオエネルギーを活性化していく原点となります。

バイオナンバーを調べよう

それでは、巻末の早見表からバイオナンバーを調べてください。

バイオナンバーは、3つの数字の組み合わせから成ります。3つの数字は左から「第1数」「第2数」「第3数」という順番で並んでいます。

まずは、表Aを見て、ご自身の西暦から第1数を割り出します。

次に、第2数と第3数を決定します。こちらは表Bを使います。ご自身の第1数のページを見て、横列の誕生月と縦列の誕生日が交わる数字が、あなたのバイオナンバーになります。

なお、３月１日生まれの人だけ、注意してほしいことがあります。うるう年生まれかそうでないかで、バイオナンバーが違ってきます。

◎うるう年生まれ　　バイオナンバーの第２数は「２」
◎その他の年の生まれ　バイオナンバーの第２数は「１」

また、**実際の生年月日と戸籍上の生年月日が違う場合は、戸籍上の生年月日で調べてください。住民票やパスポートに記載されている生年月日です。バイオエネルギー理論では、起こるすべてを必然と考える**からです。

そしてもう一つ、重要なことをお伝えします。**36通りのバイオナンバーには、どれが優れていて、どれが劣っているなど、優劣はいっさいありません。**それぞれに活性化した状態と不活性化の状態があります。

一人ひとりが違うエネルギーの組み合わせで、異なる特性を持っていることが、個性や魅力となり、人と人とが足りない部分を補い合う関係を築く原動力になるのです。

自分を知り、周りを味方につける

第2数に「この世に生きる理由」が示されている

人はそれぞれ100パーセントのバイオエネルギーを持っていると考えます。

そのうち、第1数が30パーセント、第2数が60パーセント、第3数が10パーセントです。

つまり、第2数がもっとも大きく、その人のメインエネルギーとなります。人の言動や思考、性格に強く影響を与えるエネルギーです。そして、潜在意識を動かしていくために、もっとも重要なバイオエネルギーとなります。

バイオエネルギーは、言葉によってプラスにもマイナスにも働きます。

ただし、**どんな言葉がバイオエネルギーを活性化するのかは、バイオナンバーによっ**

て異なります。あなた自身が意識して自分のバイオエネルギーに適した言葉を発することで、潜在意識を大きく動かしていきます。

それが冒頭でお話しした「６つの技術」の「【1】志を明確に示す」につながります。

私たちが「今、ここ」にいるのは、偶然ではなく、この時代に生きる理由があって、自ら選んでこの世界に来ている。これは、人生を好転させるために欠かせない思考です。

この思考を持った瞬間から、誰もがこの世界で自分に必要とされている理由を探し始めます。それが生きる覚悟を生み、世のため人のために生きていく志を生みます。

その思い（**志や夢**）こそが、バイオエネルギーを活性化させる原動力となるのです。

志があるからこそバイオエネルギーは活性化し、潜在意識を動かしていけます。

すべての人には、この世に誕生してきた理由があります。その理由があなた自身の志となります。その志はバイオナンバーの第２数を理解することで明確化できるのです。

6つの基本因子の特性

バイオエネルギーは6種類あることを発見した我々は、「1」から「6」の数字でエネルギーの特性を明確にし、6つの基本因子を以下のように名づけました。そして、それぞれのエネルギーの特性を言語化することに成功しました。

「1」集中エネルギー(念力)＝理想の実現に一直線に突き進む力
「2」交換エネルギー(情力)＝思いやりの心で人を動かしていく情熱
「3」制御エネルギー(感力)＝明るく自由な発想で夢をつかむ直感力
「4」蓄積エネルギー(持力)＝忍耐と正義感で大業を成す力
「5」循環エネルギー(理力)＝豊かな知識と冷静さで調和をもたらす論理性
「6」発散エネルギー(動力)＝結果を見通す力で未来を変える挑戦力

以上の6つの基本因子がバイオエネルギー理論の根幹です。

次項から一つずつバイオエネルギーの特性を解説していきます。

まずは、ご自身の第2数を読んでください。本文では、「『1』の人」「『2』の人」という言い方をします。これはメインエネルギーの第2数が「『1』の人」「『2』の人」という意味です。

第2数を読むと、自分に「当てはまる」「当てはまらない」と感じることが出てきます。しかし、バイオエネルギー理論は占いではなく、人間の基本的な行動特性を科学的に分析した理論です。それぞれのバイオエネルギーには「そういう特性がある」という事実を示しています。それを活性化していくことで、思い通りの人生を築いていけます。

つまり、「**そういうエネルギーがあなたに内在し、自らの意志で活性化できる**」ということを記しています。ここを理解したうえで、読み進めてください。

なお、エネルギーは強すぎても弱すぎても不活性化します。目指すところは「**中庸**《ちゅうよう》」。中庸とはどちらかに偏ることなく、過不足なく調和が取れていること。潜在意識を大きく動かしていけるところまで、エネルギーが活性化している状態です。

「1」集中エネルギー（念力）

理想の実現に
一直線に突き進む力

〈基本特性〉

「1」の集中エネルギー（念力〈ねんりょく〉）は、**一つの目的や目標に集中して取り組み、信念を持って成し遂げる力**です。やるからには完璧に成し遂げようと、細部にまで気を配り、最高レベルの結果を導きます。

自分を成長させようという向上心が旺盛で、志を高く持っています。これと決めたことを貫き通すことで、その道の第一人者になったり、カリスマ的存在になったりします。

また、自分の進むべき道や理想の状態を具体的にイメージし、明確な言葉にすることで、思い通りに物事が進んでいきます。**自分で決めれば、決めたようになるのが、このエネルギーの特性**です。しかも、志の高さに惹かれて自然と人が集まってきて、周りの人たちが良い結果を出していってくれます。

集中エネルギー「1」のリーダーのイメージ図

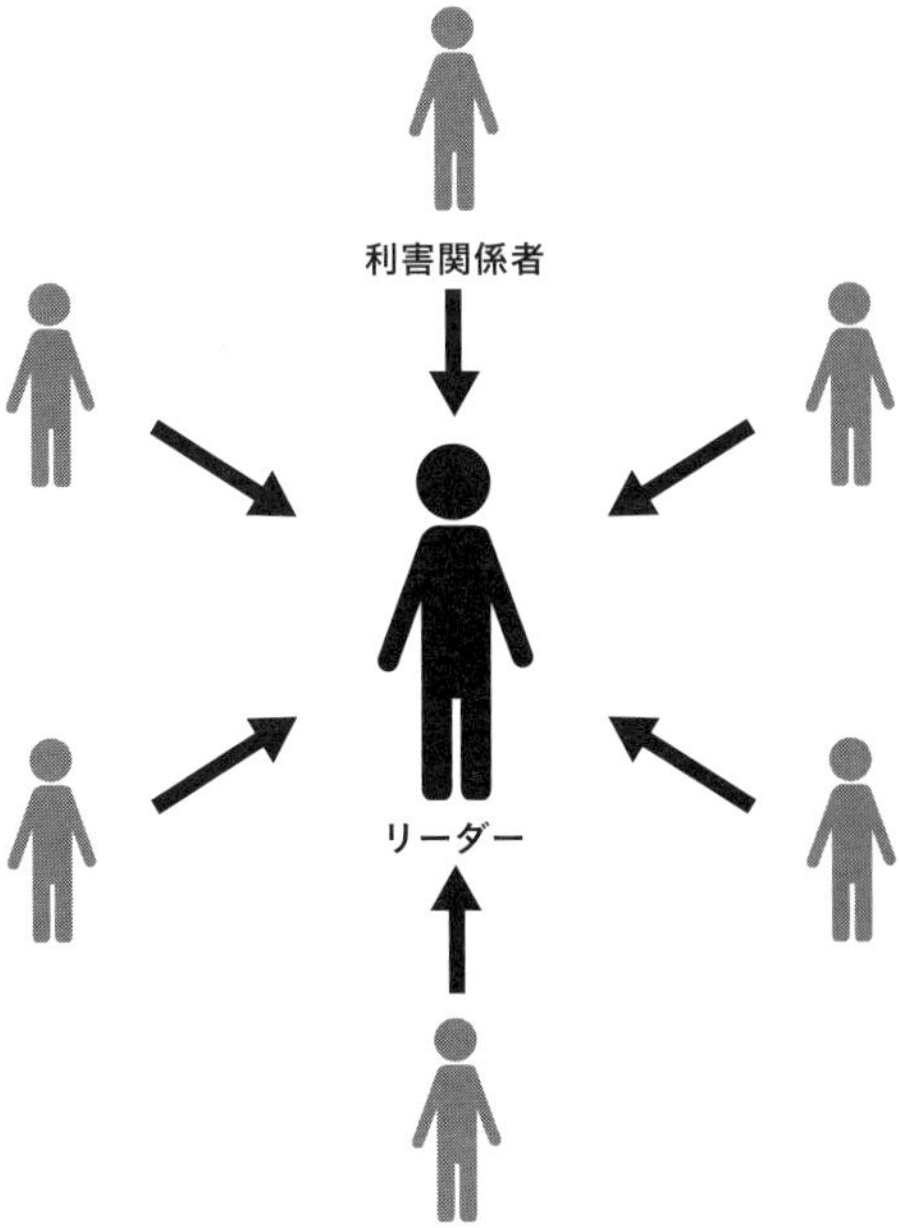

「1」	エネルギーを自分に集中させ、理想を高く持つことで活性化する。
エネルギーの名称	念力（ねんりょく）
エネルギーのスピード	スロー
光の色のイメージ	シアン（青緑）

〈活性化のポイント〉

「1」のエネルギーは進み方がゆっくりです。そのため、自分の思いや夢を実現させるためにはどのような選択がベストか、じっくりと考え、理想の状態を明確にイメージしていくことがポイントになります。

反面、批判的な意見を耳にすると、途端に不安になって信念を見失い、迷いが生まれます。ですから常にプラス発想をし、良いイメージを持ち続けること。自ら人を信じることで人からも信頼され、一人では成し遂げられないような大きな目標を達成できます。

以下の5点を常にイメージしておくと、エネルギーを活性化した状態に保てます。

〈夢〉 周りに夢を与え、その夢を実現します。

〈リーダーシップ〉 率先して周りを成功に導きます。

〈集中力〉 一度決めたら迷わず、絶対に成し遂げます。

〈未来予知〉 先を読み、成功をイメージすることで、その通りにさせます。

〈ナンバーワン〉 常に最高級、ナンバーワンを目指し、妥協しません。

〈リーダーとしての特性〉

「1」のリーダーの特性は、**「決める力」**です。

進むべき方向を1点に集中して確定（絶対化）することによって、原動力が生まれます。**覚悟を決めたら、決めた通りに進んでいくのが「1」のエネルギー**です。

よって、「1」のリーダーはまず決めることが大事です。

反対に、目標を1点に絞り切れずに迷いが生じると、絶対的自信を持てなくなり、結果を出せなくなります。心に迷いが生じている時、エネルギーは不活性化しています。

そこで「1」のエネルギーを使いこなすために大切なのは以下の２つ。

①迷わず、いったん決めたら結果が出るまで信じ切る。

②マイナス発想せず、何を言われてもプラスに捉えて感謝する。

以上の2点を常に心がけることです。

「1」の人は、何事も細かく完璧に取り組んでいる時、エネルギーが活性化します。

ただし、周りの人にまで完璧さを求めるとプレッシャーを与えてしまうので注意が必要です。また、「1」の人はエネルギーを活性化させると、誰もやっていないことや思いつきもしないことを、独自性を発揮して成し遂げる力が備わります。そんなカリスマ性の土台となるのが、「自分は周りの人より優れている」というプライドの高さです。

なお、「1」のエネルギーが活性化している時には、**「前向き」「プラス発想」「集中力」**が発揮されている状態になります。不活性な時や気を抜いた時は、**「心配性」「マイナス発想」「疑心暗鬼」**な状態になります。

どちらの状態にあるか、常にわが身を振り返ることが大事です。

活性化された状態にあれば、リーダーとして最高の状態にあると確認できます。反対に不活性化の状態が表れている時には、トラブルを起こしやすい状況にあるため、エネルギーを活性化させていく必要があります。

「1」のリーダーが最高の状態にあるためには、「1」のエネルギーが活性化する言葉を毎日声に出していくことが大切です。そこで、左ページの言葉を1日3回音読してください。それが「1」のエネルギーを活性化する練習になります。

「1」集中エネルギーが「活性化する言葉」

「堂々としている」
「第一人者になる」
「すべてに自信がある」
「集中力がある」
「常に目標を持つ」
「未来予知ができる」
「想像力が豊か」
「強い信念がある」
「思い通りになる」
「その道一筋」
「ひらめきが鋭い」
「最高級を手に入れる」
「誇りを持つ」
「トップを目指す」
「リーダーシップを発揮する」
「気品がある」
「主役になる」
「独創的な発想をする」

練習の方法

１日３回声に出して読んでください。
音読することで
バイオエネルギーが活性化し、
潜在意識を動かしていけます。

「2」交換エネルギー〈情力〉

思いやりの心で
人を動かしていく情熱

〈基本特性〉

「2」の交換エネルギー〈情力〈じょうりょく〉〉は、**人に対する思いやりや愛情を育てる力**です。情緒や感情が豊かで、自分の気持ちや考えを無理なく伝えられます。

どんな場合でも、常に相手を中心に捉えられるので、相手の考え方や立場が十分に理解できます。人間関係を大切にし、常に円満なコミュニケーションを心がけ、スキンシップを図っていくので、周りから愛される存在となります。

何事も結果を焦らず、コツコツと努力して成し遂げます。

「2」はエネルギーを交換することで、活性化します。**常に1対1の関係を大切にし、相手を中心に考えながら、お互いの気持ちを交換します。**どんなに遠くにいてもお互いの気持ちを理解でき、以心伝心で自然に相手に心が伝わります。

交換エネルギー「２」のリーダーのイメージ図

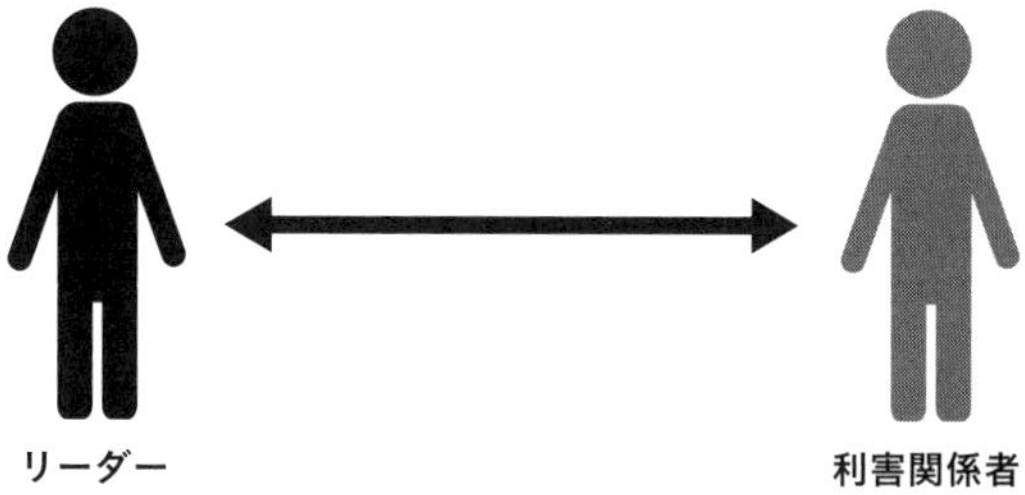

「2」 ●⟷●	１対１でギブ・アンド・テイクを心がけて、利害関係者とエネルギーを交換することで活性化する。
エネルギーの名称	情力（じょうりょく）
エネルギーのスピード	クイック
光の色のイメージ	マゼンタ（薄紫）

〈活性化のポイント〉

「2」はエネルギーの流れ方が速い特性があります。そのため、相手の気持ちを素早く察知できます。また、「2」の人は相手の喜びを自分の喜びにできます。ただし、ギブ・アンド・テイクを徹底することが重要。特に「2」の人は、ギブをした時にテイクの話をしないとエネルギー交換ができず、停滞します。すると自己中心的になったり、思い込みが激しくなったり、孤独感を深めがちです。よってエネルギーを活性化するには、相手の気持ちを正確に察しながら、自分の本音も優しくはっきりと伝えることです。

以下の5点を常にイメージしておくと、エネルギーを活性化した状態に保てます。

〈スキンシップ〉　積極的に話しかけ、コミュニケーションを図ります。

〈ありがとう〉　お礼や感謝の言葉を積極的に伝え、相手を温かい気持ちにします。

〈努力〉　自分がやると決めたことは、長期にわたってコツコツ努力します。

〈思いやり〉　どのような状況でも、相手の立場を優先します。

〈以心伝心〉　相手のしぐさや表情をよく見て、気持ちを察知して理解します。

〈リーダーとしての特性〉

「2」のリーダーの特性は、**「見る力」**です。人との信頼関係を築き、お互いにエネルギーを交換していくことによって、原動力が生まれます。そのため、**相手が何を思い、どう感じているのかを瞬時に見抜く特性が「2」のエネルギー**にはあります。

ただし、エネルギーが不活性化していると、相手を観察する特性が独りよがりになります。相手が考えてもいないことを、「そうであるはず」と勝手に思い込み、疑心暗鬼になります。「2」の人は「必要とされている」と感じることが絶対的自信になりますが、見る力が不活性化するとエネルギー交換ができなくなり、一方通行になって孤立します。

よって、「2」のリーダーは「正確に見る」ことが重要です。

そこで「2」のエネルギーを使いこなすために大切なのは以下の２つ。

①相手の思いを正確に読み取り、誰に対しても優しく声をかける。
②相手の声には、誠意を持って素早く返す。

以上の２点を心がけることです。

「2」のエネルギーを持つ人は、自分の気持ちを伝えなくても、周りの人は当然分かってくれると思い込んでいます。特に、「2」の人は言葉がなくても相手を見ればその思いを察知できますが、他の人にはその力がありません。よって、「2」のリーダーは、「思いを細部まで丁寧にはっきりと伝える」ことを心がける必要があります。

なお、「2」のエネルギーが活性化している時には、**「優しさ」「気遣い」「親切心」**が発揮されている状態になります。不活性な時や気を抜いた時は、**「冷たい」「無視」「自己中心的」**な状態になります。

どちらの状態にあるか、常にわが身を振り返ることが大事です。

活性化された状態にあれば、リーダーとして最高の状態にあると確認できます。反対に不活性化の状態が表れている時には、トラブルを起こしやすい状況にあるため、エネルギーを活性化させていく必要があります。

「2」のリーダーが最高の状態にあるためには、「2」のエネルギーが活性化する言葉を毎日声に出していくことが不可欠です。そこで、左ページの言葉を1日3回音読してください。それが「2」のエネルギーを活性化する練習になります。

「2」交換エネルギーが「活性化する言葉」

「常に優しい」	「気持ちが温かい」
「人の手助けをする」	「努力を続ける」
「気遣いが抜群」	「仲間づくりがうまい」
「相手を立てる」	「人に感謝する」
「サービス精神が旺盛」	「心が穏やか」
「社交性がある」	「家族・家庭を大切にする」
「心が伝わる」	「思いやりがある」
「面倒見が良い」	「安心感がある」
「愛し愛される」	「出会いを大切にする」

練習の方法

１日３回声に出して読んでください。
音読することで
バイオエネルギーが活性化し、
潜在意識を動かしていけます。

「3」制御エネルギー（感力）

明るく自由な発想で夢をつかむ直感力

〈基本特性〉

「3」の制御エネルギー（感力〈かんりょく〉）は、**世の中の動向を敏感にキャッチし、感性を磨き、育てる力**です。全体をバランス良く見通せるので、物事のちょっとした変化や新しい情報を、誰よりも早くキャッチできます。しかも、いつでもエネルギーをバランス良く均一化し、最高の状態を保つことができます。

常に前向きで明るくおおらかに誰とでも平等につき合います。センスが良いので、多くの人から好感を持たれます。また、独自の判断で臨機応変に、何事に対しても器用に立ち回れます。

さらに、趣味や嗜好が多種多様で、興味を持ったらとことん追求します。**その道のスペシャリストとしての地位を確立できる**エネルギーでもあります。

制御エネルギー「3」のリーダーのイメージ図

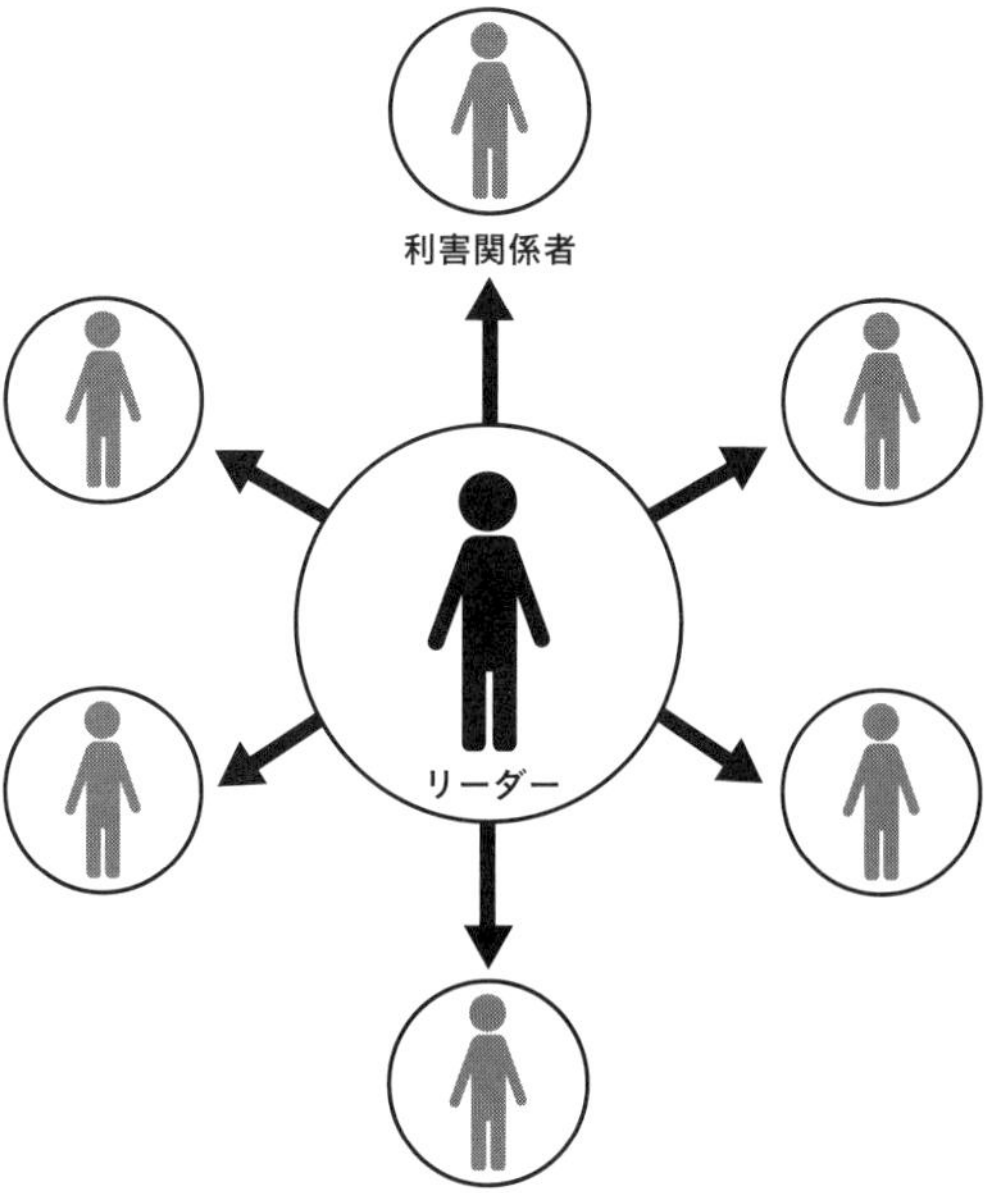

「3」 	エネルギーをバランス良く均一化し、自由自在に同化することで活性化する。
エネルギーの名称	感力（かんりょく）
エネルギーのスピード	クイック
光の色のイメージ	イエロー（黄）

〈活性化のポイント〉

「3」はエネルギーのスピードが速く、しかも周囲に対して均一に深く、素早く進んでいきます。よって、このエネルギーの活性化には、周りの状況の変化や情報を素早くキャッチし、柔軟に対応していくことがポイントになります。

状況が急変しても動じず、明るく前向きに臨機応変に正面から対応していけば、どんなトラブルも解決できます。ただし、好き嫌いやノリだけで判断すると、不活性化します。常に周りの状況にアンテナを張り、皆の興味を引き出していくことが大切です。

以下の5点を常にイメージしておくと、エネルギーを活性化した状態に保てます。

〔大きなアンテナ〕　多くの情報をいち早くキャッチします。
〔スペシャリスト〕　自分の好きな道を専門的に追求します。
〔芸術家〕　独自の感性で芸術作品を生み出します。
〔エンターテイナー〕　何事も楽しむ気持ちがあり、明るく遊び上手です。
〔アメーバ〕　どんな形にも変化し、同化します。

〈リーダーとしての特性〉

「３」のリーダーの特性は、「**改革する力**」です。

「３」は、エネルギーをまんべんなく取り入れ、自由自在に周りと同化することによって原動力が生まれます。そのエネルギーは、**興味を持つとことこん追求し、物事を応用・改良していく特性**として現れます。特に得意とするのは、１から１００を生み出すこと。今あるものを改革する力に長けているのです。

このエネルギーは、「どんなことにも適応できる」という絶対的自信によって活性化します。この自信が失われるとエネルギーが不活性化し、好き嫌いが激しくなって、嫌なことを避けて通ろうとします。のらりくらりと対処しようとする特性が現れるのです。

そこで、「３」のエネルギーを使いこなすために大切なのは以下の２つ。

①何事にも興味を持って深く追求していく。
②誰とでも明るく前向きでおおらかな気持ちで接する。

以上の２点を心がけることです。

「3」のエネルギーを持つ人は、周りの人にも「何事も臨機応変に対応してほしい」と思っているところがあります。しかし、周りの人はそれをその場しのぎと捉え、柔軟には対応してくれません。周りを動かすには、相手が嬉しくなるような言葉をかけて、ヨイショしていくこと。また、感謝の気持ちは文章でも伝える気遣いも必要です。

なお、「3」のエネルギーが活性化している時には、**「明るさ」「臨機応変」「器用さ」**が発揮されている状態になります。不活性な時や気を抜いた時は、**「暗い」「好き嫌いが激しい」「不器用」**な状態になります。

どちらの状態にあるか、常にわが身を振り返ることが大事です。

活性化された状態にあれば、リーダーとして最高の状態にあると確認できます。反対に不活性化の状態が表れている時には、トラブルを起こしやすい状況にあるため、エネルギーを活性化させていく必要があります。

「3」のリーダーが最高の状態にあるためには、「3」のエネルギーが活性化する言葉を毎日声に出していくことが不可欠です。そこで、左ページの言葉を1日3回音読してください。それが「3」のエネルギーを活性化する練習になります。

「3」制御エネルギーが「活性化する言葉」

「器用」	「活気がある」
「性格がおおらか」	「明るい」
「好奇心が旺盛」	「素晴らしい笑顔」
「勘が鋭い」	「表現力が豊か」
「エンターテイナー」	「話題が豊富」
「ユーモアがある」	「バランス感覚が良い」
「感性が豊か」	「分け隔てがない」
「専門的知識に優れる」	「多趣味だ」
「臨機応変な対処」	「応用力に優れる」

練習の方法

１日３回声に出して読んでください。
音読することで
バイオエネルギーが活性化し、
潜在意識を動かしていけます。

「4」蓄積エネルギー（持力）

忍耐と正義感で大業を成す力

〈基本特性〉

「4」の蓄積エネルギー（持力〈じりょく〉）は、**現在の環境をベストに整え、物事に忍耐強く取り組む力**です。

規則や規律、礼儀、マナーを守り、常識に則《のっと》った仕組みや形を整えていきます。

人・物・金の管理と整理整頓を得意とし、ムダなものを排除します。不確かなものに目を向けたり、時間を費やしたりすることはしたくありません。人とのつきあいにはけじめを重視し、約束事は必ず守ります。体力や気力に恵まれているので、何事も粘り強く取り組み、最後まで成し遂げます。

しかも、「4」の人は**社会貢献に関心が高く、ボランティアなどの奉仕活動に積極的に取り組む**特性を持っています。

蓄積エネルギー「4」のリーダーのイメージ図

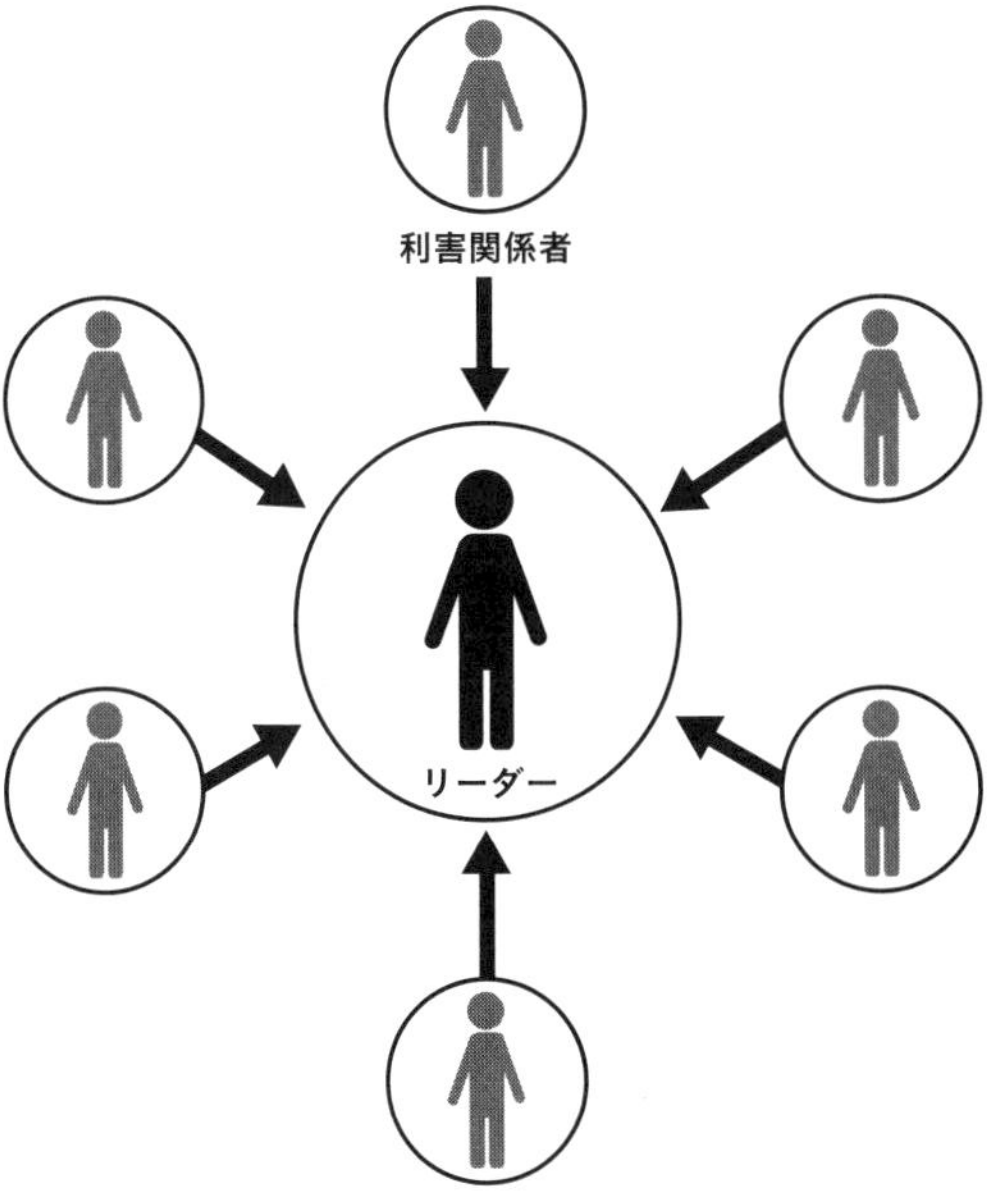

「4」 	あらゆる要素を取捨選択し、必要なものを蓄え、自分がいる環境をベストな状態に維持・管理していくことで活性化する。
エネルギーの名称	持力（じりょく）
エネルギーのスピード	スロー
光の色のイメージ	ブルー（青）

〈活性化のポイント〉

このエネルギーはスピードがゆっくりであるため、「4」の人はじっくりと行動します。ですが、力強く着実に前進し、その都度エネルギーを蓄積していきます。

よって、「4」のエネルギーの活性化には、常識や自身の正義感に基づいて、多くの情報や出来事を整理しながら、じっくりと基礎固めすることがポイントになります。また、環境が乱れると、気力や体力の低下につながるため、身の回りの整理整頓が重要。蓄積された利益を周りの繁栄に貢献する精神が「4」のエネルギーをさらに活性化させます。

以下の5点を常にイメージしておくと、エネルギーを活性化した状態に保てます。

〈ピラミッド〉 一つひとつを積み上げ、長期にわたる安定を築きます。

〈けじめ〉 礼儀礼節を重んじ、けじめを持って真面目に取り組みます。

〈裁判官〉 法や規則に則り、公平に裁きます。

〈ボランティア活動〉 社会貢献という形で利益を還元します。

〈スケジュール管理〉 時間や金銭の管理を仕組み化し、上手に行います。

〈リーダーとしての特性〉

「４」のリーダーの特性は、**「守る力」**です。

このエネルギーは、身の回りのあらゆる要素を取捨選択し、必要なものを蓄え、保存することによって原動力が生まれます。

よって、守る力は天下一品。人・物・金、そして情報、知識。どんどん蓄え、守り、仕組み化していく**体力・気力が備わっているのが、「4」のリーダーの特性**です。しかも礼儀礼節を重んじる気品もあります。一方で、周りからの評価を気にする思いも人一倍強い。「自分の言動が正しく、正当に評価されている」という絶対的自信が失われると、何事にもルーズになって、けじめがなくなります。

そこで、「４」のエネルギーを使いこなすために大切なのは以下の２つ。

①どんなにつらくても、真面目に忍耐強く取り組む。

②取捨選択の基準を明確にし、仕組み化して、整理整頓を徹底する。

以上の２点を心がけることです。

「4」のエネルギーを持つ人は、周りの人に、常に型通りにルールを守ってほしいと思っています。そのことを、周りの人は、「形にとらわれすぎている」「厳しい」「堅苦しい」と感じています。とはいえ、組織にルールは重要。そこで、「4」のリーダーに必要なのは笑顔。ルール（流儀、道理）は、明るくおおらかに笑顔で伝えることです。

なお、「4」のエネルギーが活性化している時には、**「真面目」「礼儀正しさ」「几帳面さ」**が発揮されている状態になります。不活性な時や気を抜いた時は、**「世間知らず」「礼儀知らず」「融通が利かない」**といった状態になります。

どちらの状態にあるか、常にわが身を振り返ることが大事です。活性化された状態にあれば、リーダーとして最高の状態にあると確認できます。反対に不活性化の状態が表れている時には、トラブルを起こしやすい状況にあるため、エネルギーを活性化させていく必要があります。

「4」のリーダーが最高の状態にあるためには、「4」のエネルギーが活性化する言葉を毎日声に出していくことが不可欠です。そこで、左ページの言葉を1日3回音読してください。それが「4」のエネルギーを活性化する練習になります。

「4」蓄積エネルギーが「活性化する言葉」

「几帳面」	「正義感が強い」
「整理整頓ができる」	「義理堅い」
「全力を尽くす」	「約束事を守る」
「持続力がある」	「体力が抜群」
「堅実に進める」	「底力がある」
「がまん強い」	「奉仕の精神が旺盛」
「安定感がある」	「記憶力が良い」
「礼儀礼節を重んじる」	「けじめがある」
「時間管理がうまい」	「経済感覚が優れている」

練習の方法

1日3回声に出して読んでください。
音読することで
バイオエネルギーが活性化し、
潜在意識を動かしていけます。

「5」循環エネルギー（理力）

豊かな知識と冷静さで
調和をもたらす論理性

〈基本特性〉

「5」の循環エネルギー（理力〈りりょく〉）は、**宇宙や自然の法則に則って物事を論理的に捉え、問題点を明確にし、解決する力**です。

このエネルギーを持つ人は学ぶことを怠りません。人からも学び、本からも学びます。**一つの事柄をさまざまな角度から学んでいき、いかなる時も冷静に判断**します。

物事に取りかかる時にはじっくり考え、正しいと思ったことは自分の主張を貫く芯の強さを発揮します。その場の雰囲気や感情に流される発言をしないため、落ち着いた人、慎重な人という印象を与えます。

さらに、人の話を客観的に聞くことができます。すると、対処法などが自然と見えてきます。そのため、人間関係の調整役としても活躍します。

循環エネルギー「5」のリーダーのイメージ図

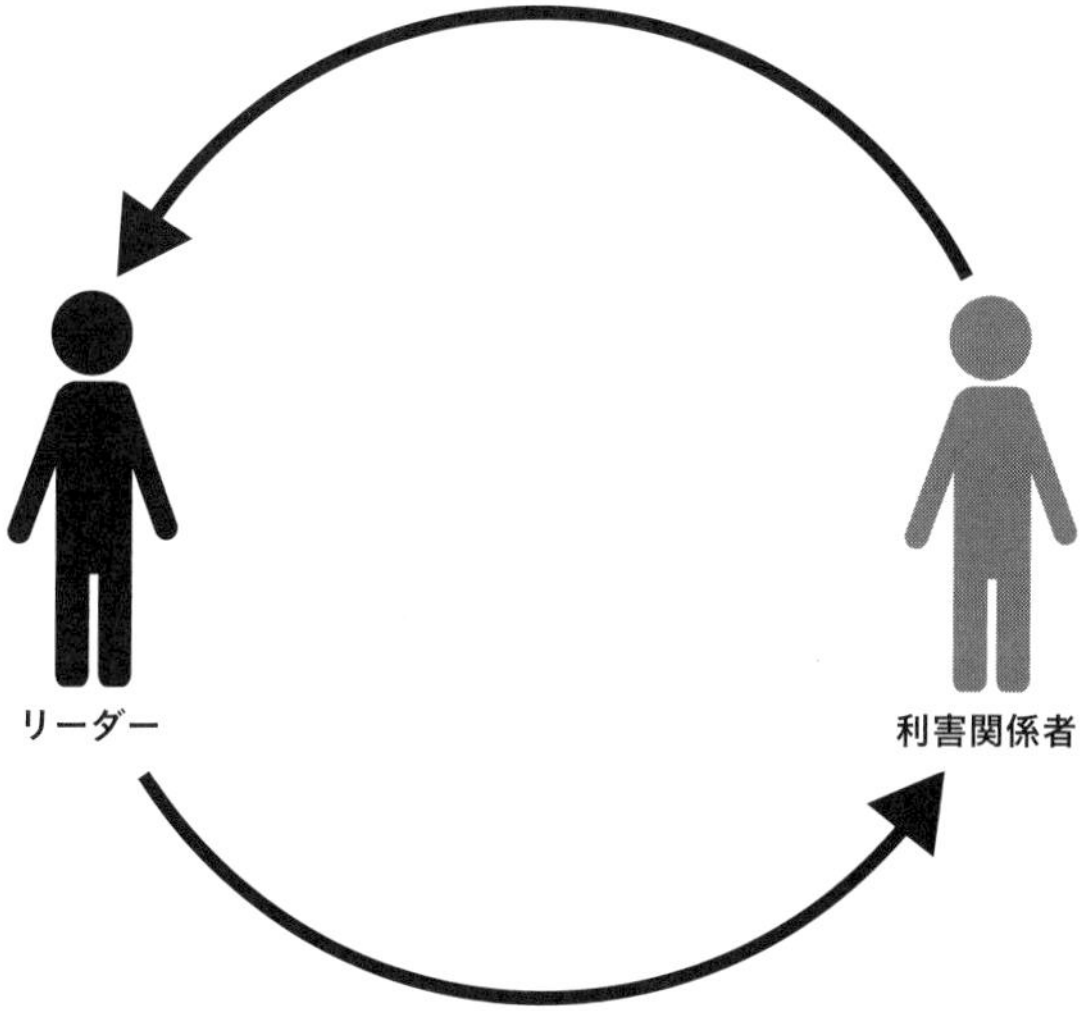

「5」		宇宙や自然の法則に則って、 利害関係者とエネルギーを循環し、 調和することで活性化する。
エネルギーの名称		理力（りりょく）
エネルギーのスピード		クイック
光の色のイメージ		グリーン（緑）

〈活性化のポイント〉

「5」のエネルギーの流れはゆっくりです。自然の法則に則ってゆったりと循環します。自分の思う方向へ周りをまとめ、浄化しながら進んでいきます。

このエネルギーの活性化には、周りの状況をじっくりと観察し、多くの知識から最適な選択をすることが必要です。一方、「自分は自分」となりやすいのも、「5」の特性。元来、頭が良い分、エネルギーが不活性化すると我の強さが現れ、人の話を素直に聞けなくなります。よって、「5」のエネルギーの活性化に重要なのは素直さと謙虚さです。

以下の5点を常にイメージしておくと、エネルギーを活性化した状態に保てます。

〈勉強家〉　自分が納得できるまで調べ、勉強します。

〈冷静沈着〉　どんな状況でも落ち着いた対処をします。

〈カウンセラー〉　人の問題やトラブルの話を聞き、原因を探り、解決策を導きます。

〈哲学者〉　物事を論理的に捉え、具現化します。

〈教師〉　さまざまな知識や経験を人に伝え、教育します。

〈リーダーとしての特性〉

「5」のリーダーとしての特性は、**「聞く力」**です。

循環エネルギーである「5」は、調和や調整の力を働かせて、自分がいる社会を正しい方向へ導いていく力があります。**知識の豊かさを活かし、人の悩みや苦しみを解決し、周りの人たちを正しい方向へ導く力**でもあります。そのためには、人の話を謙虚な気持ちで聞くことが重要。人の話を聞くからこそ、調和調整の道筋が見えてきます。

なお、「5」の人のエネルギー源は学ぶこと。「5」の人にとって学びは一生です。その方法はさまざまありますが、特に重要なのが聞くこと。人の話を謙虚に聞き、そこから学びを得ていくと、多くの知識を幅広く身につけられます。

そこで、「5」のエネルギーを使いこなすために大切なのは以下の2つ。

①常に冷静さを失わないように、謙虚な姿勢で人の話を聞く。

②人から相談されやすいように、聞き役に徹する。

以上の2点を心がけることです。

「5」のエネルギーを持つ人は、「周りの人は、自分の発言に納得して当然」と思い込んでいます。しかし、知識の豊富な「5」の人の話は難しく、周りは「分かりにくいことばかり言う人だ」と感じています。そこで、「5」のリーダーは、1対1の言葉のキャッチボールを大切に、自分の考えは例を挙げて分かりやすく伝えることです。

なお、「5」のエネルギーが活性化している時には、**「冷静沈着」「勉強熱心」「説得力」**が発揮されている状態になります。不活性な時や気を抜いた時は、**「上から目線」「反省心がない」「頑固」**といった状態になります。

どちらの状態にあるか、常にわが身を振り返ることが大事です。

活性化された状態にあれば、リーダーとして最高の状態にあると確認できます。反対に不活性化の状態が表れている時には、トラブルを起こしやすい状況にあるため、エネルギーを活性化させていく必要があります。

「5」のリーダーが最高の状態にあるためには、「5」のエネルギーが活性化する言葉を毎日声に出していくことが不可欠です。そこで、左ページの言葉を1日3回音読してください。それが「5」のエネルギーを活性化する練習になります。

「5」循環エネルギーが「活性化する言葉」

「誠実だ」
「思考が柔軟だ」
「中立的立場が取れる」
「勉強家だ」
「間違いがない」
「人を癒すことができる」
「人の相談にのれる」
「自己主張ができる」
「道理をわきまえている」
「考えを貫く」
「原因究明ができる」
「誰とでも合わせられる」
「冷静・沈着だ」
「危険を回避できる」
「的確な指導ができる」
「文章力がある」
「まとめ方がうまい」
「多面的な分析ができる」

練習の方法

１日３回声に出して読んでください。
音読することで
バイオエネルギーが活性化し、
潜在意識を動かしていけます。

「6」発散エネルギー（動力）

結果を見通す力で
未来を変える挑戦力

〈基本特性〉

「6」の発散エネルギー（動力〈どうりょく〉）は、**今よりさらに飛躍しようと、瞬時の判断で行動する力**です。

このエネルギーを持つ人は、新しいことに積極的に挑戦し、すべての結果を前向きに捉えるので、あらゆるチャンスを呼び込むことができます。**結果を見通す力である「直観力」が鋭く、判断に間違いがありません。**

発散するエネルギーが非常に強く、プラスにもマイナスにも周りに影響を与えます。楽観的で、物事に対するこだわりやしがらみがなく、瞬時に最適・最善な選択をするため、結果としてベストな判断につながります。周りの人のために、情報や知識を惜しみなく伝え、夢中になって行動し、勇気やパワーを与えます。

発散エネルギー「６」のリーダーのイメージ図

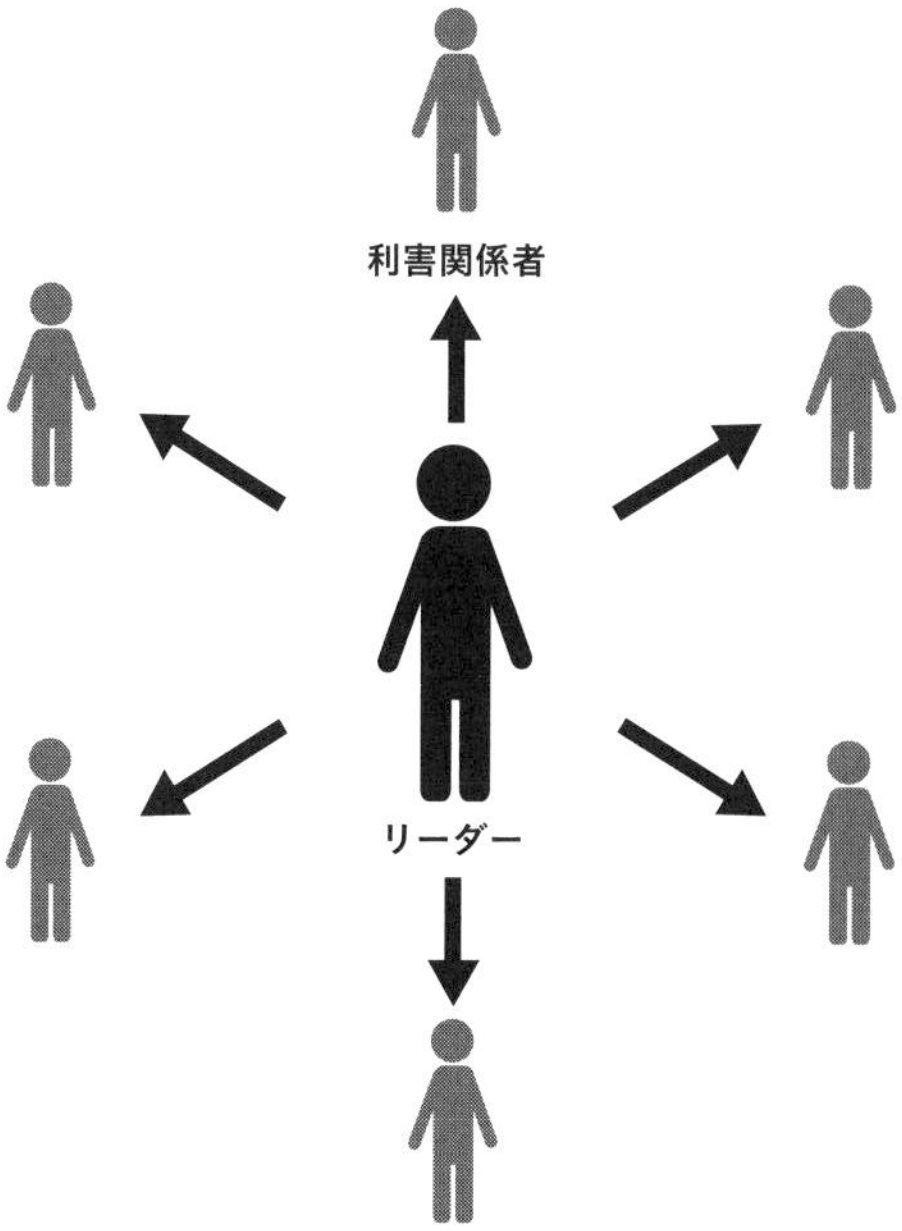

「6」 	四方八方にエネルギーを発散させることで飛躍や拡大をもたらし、未来に変革を起こしていく。
エネルギーの名称	動力（どうりょく）
エネルギーのスピード	クイック
光の色のイメージ	レッド（赤）

〈活性化のポイント〉

「6」のエネルギーはスピードが非常に速いのが特徴です。一瞬一瞬で動きが変わり、あらゆる方向に発散させます。

そのため「6」の人は、これまでの経験や直観から一瞬の判断で行動を起こし、次から次へと新しいことへ目を向け、楽観的な気持ちで積極的に動いていくことが、エネルギーを活性化させるポイントです。ただし、何気ない言動がトラブルのもとになりやすいのも事実。自分の言動の重みに気を配ることも大切です。

以下の5点を常にイメージしておくと、エネルギーを活性化した状態に保てます。

〈挑戦者〉　新しいことや興味あることに積極的に挑戦します。

〈自力〉　周りの人や組織に甘えず、自分の力で成し遂げます。

〈進化成長〉　現状に満足せず、さらに進化成長を続けます。

〈無欲〉　自分の立場に固執せず、人のために行動し、結果を出します。

〈即断即決〉　直観で「イエス」「ノー」を決め、周りにも確認します。

〈リーダーとしての特性〉

「6」のリーダーの特性は、**「結果を出す力」**です。

「6」のエネルギーは、何事にも果敢に挑戦して、結果を出し続けることがエネルギー源になります。「6」の人は直観力に優れているため、エネルギーが活性化していると、他人のことに対しては、結果がどうなるかが分かります。しかし、自分のことに対しては結果が見えないため、周りへの相談が不可欠です。**直観に従って、積極的かつ機敏に行動していくと、組織を発展させていくエネルギー**が与えられます。ただし、「必ず結果を出す」という絶対的自信が失われると、方向性を見失い、言動が消極的になります。

そこで、「6」のエネルギーを使いこなすために大切なのは以下の2つ。

①結果を出すためには周りの協力が欠かせない。常に周りに相談し、確認する。

②周りから信頼されるように言葉と行動を一致させ、矛盾をなくす。

以上の2点を心がけることです。

「6」のエネルギーを持つ人は、思考のスピードが速い分、周りにも物事をスピーディに単刀直入に伝えたほうが良いと思っています。しかし、周りの人は唐突に感じてしまう言動を、受け入れることができません。そのため、「6」の人は、相手に言動の趣旨を5W2H（いつ、どこで、だれが、なにを、なぜ、どのように、いくらで）を基本に優しく伝えることが不可欠です。

なお、「6」のエネルギーが活性化している時には、**「積極的」「機敏」「チャレンジ精神」**が発揮されている状態になります。不活性な時や気を抜いた時は、**「人に頼る」「途中で諦める」「消極的」**といった状態になります。

どちらの状態にあるか、常にわが身を振り返ることが大事です。

活性化された状態にあれば、リーダーとして最高の状態にあると確認できます。反対に不活性化の状態が表れている時には、トラブルを起こしやすい状況にあるため、エネルギーを活性化させていく必要があります。

「6」のリーダーが最高の状態にあるためには、「6」のエネルギーが活性化する言葉を毎日声に出していくことが不可欠です。そこで、左ページの言葉を1日3回音読してください。それが「6」のエネルギーを活性化する練習になります。

「6」発散エネルギーが「活性化する言葉」

「楽観的だ」	「行動が機敏だ」
「現状に甘んじない」	「即断即決する」
「必ず結果を出す」	「体験・経験を重んじる」
「瞬発力がある」	「私利私欲がない」
「拡大・発展を望む」	「矛盾がない」
「こだわりがない」	「チャレンジ精神が旺盛」
「勇気がある」	「結果が見通せる」
「人を素直に褒められる」	「常に前進する」
「プラス発言をする」	「自力で成し遂げる」

練習の方法

１日３回声に出して読んでください。
音読することで
バイオエネルギーが活性化し、
潜在意識を動かしていけます。

すべてのエネルギーを活性化させ、理想の組織を築く

優れた組織にはリーダーの笑顔がある

「1」から「6」のリーダーの特性は、組織の発展にすべて必要な力です。それらの特性すべてが活性化された状態で発揮されていることが、リーダーとしては理想です。

とはいえ、自身のエネルギーだけで成し遂げようとするのは不可能。周りの人たちすべてのエネルギーを活性化することで、左ページの理想形がつくられます。

そのためには自分の第2数を活性化させ、常に左ページの理想形を増大させていくイメージで周りの人たちとかかわることが重要です。具体的には、笑顔で積極的に言葉をかけ、プラスのエネルギーを送ること。そうすることによって、相手のエネルギーも活性化し、組織全体がバランスよく発展し、優れた組織へと成長させることができます。

バイオエネルギーが活性化された理想の組織図

６つのエネルギーがバランスよく活性化し、
組織が拡大、飛躍していく状態。
リーダーが自身のエネルギーを活性化し、
周囲に発していけば相手のエネルギーもプラスに転じていく。

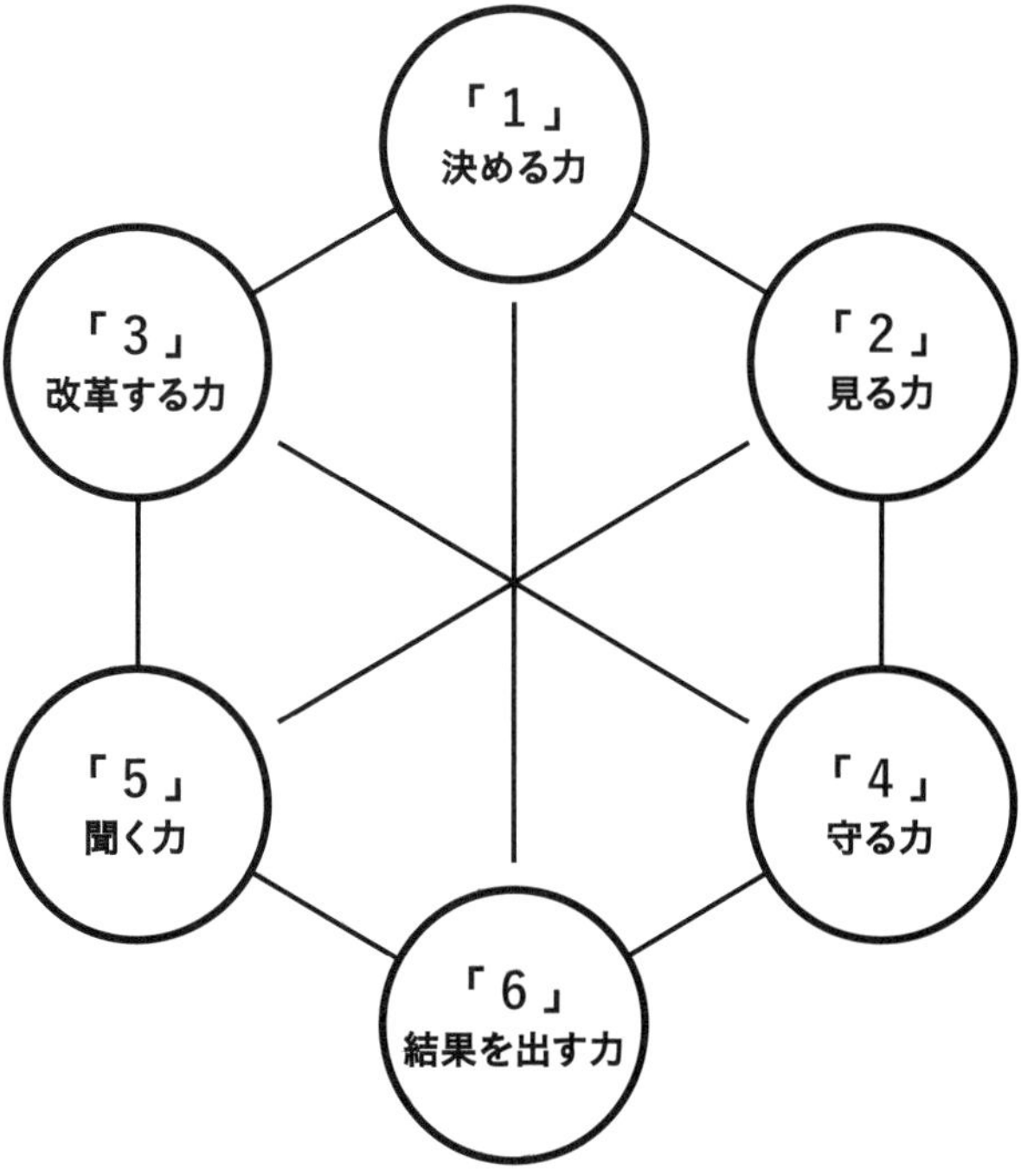

あなたの「隠された欲求」を客観視しよう

「第1数」「第2数」「第3数」の意味

バイオナンバーの「第1数」「第2数」「第3数」には、それぞれ意味があります。

第1数は「自我の芽生え」のエネルギーです。3つの数字のうち、この世に誕生して最初に表れてくるバイオエネルギーです。あなた自身が生まれながらに持っている能力が第1数には示されています。この第1数が、全体の30パーセントを占めます。

第1数は誕生した年で決まり、自分と同じエネルギーの年は、6年に1回巡ってきます。その年は、エネルギーが最大限に発揮できる**「最高にチャンスの年」**になります。

2024年は第1数が「2」の年、25年は「3」、26年は「4」、27年は「5」、28年は「6」、29年は「1」というように6年間で一巡します。

第２数は、その人のメインエネルギーであり、全体の60パーセントです。ここがあなたの魅力であり、アイデンティティをつくるバイオエネルギーです。

ですから、最初は自分の第２数の項目をよく読んでください。同時に、１日３回、「活性化する言葉」の一覧を音読すると、潜在意識を動かしていくことができます。

一方で、第２数だけでは説明できない自身の特性に気づいた人は多いと思います。その部分は、第１数にあります。よって、第１数の項目も読むと、あなたの特性におけるほとんどの説明ができるはずです。人生を思い通りに築くには、第１数も重要です。30パーセントの力で影響を与えてくるからです。

そこで、第１数の「活性化する言葉」の一覧も、１日３回声に出して読みます。すると、第１数と第２数がプラスに作動します。言葉の力で潜在意識が動き出すからです。こうなると、たいていのことはうまく進み、自信がついてきます。

「最近、調子が良いな」「良いことばかり起こる」「どんなことも可能に思える」という手応えを感じている状態です。その時、第１数と第２数のバイオエネルギーが活性化しています。

第3数こそ「気づき」の源泉

自信がついてくると、周りの期待も大きくなります。「あなたならできる」と言われることも増えます。自信はリーダーとして活躍する基礎となります。

そうして人の面倒を見る立場になった時、バイオナンバーの第3数が作動します。

第3数が作動すると、起こってくるのが「葛藤」です。スランプがやってくるのです。

たとえば、第一線でイキイキと活躍し、注目の的のアスリートが突然のアクシデントで戦線離脱する。有名芸能人がスキャンダルで表舞台から姿を消す。自信を持ち過ぎた時ほど、次に必ず来るのがスランプです。そして、利害関係者が多くなるほど、第3数が作動した時、スランプの規模も大きくなります。

なぜ、第3数が作動すると、スランプが来るのでしょうか。

それは、**第3数があなたの「我《が》」**だからです。第3数の項目を読んでみてください。

「こんな自分でありたい」と感じることがたくさん書かれているはずです。

ところが理論的に、第３数だけは言葉の力を使っても潜在意識が動かないのです。この部分だけは、表層意識と潜在意識の間でエネルギーが流れない仕組みになっているからです。

結果、起こってくるのが葛藤。そして、トラブルです。あなたの「こうあるべきだ」という正義と、周りの「こうあるべきだ」という正義がぶつかり合って、トラブルは起こります。それは、第３数が起こしていることが多いのです。

なお、**第３数が、第１数や第２数と同じ人は、「周りの人のために」と必要以上に言い過ぎたり、やり過ぎたりしている時、第３数の我が強くなっている状態です。具体的には、「６１１」「６２２」「６３３」「６４４」「６５５」「６６６」「１６１」「２６２」「３６３」「４６４」「５６５」の人**です。この人たちは、周りの様子を見て、自分の状態をチェックすることが必要です。

人の欲求はバイオナンバーで異なる

あなたが引き寄せるトラブルは、あなたの「我」である第3数が引き起こしています。

では、あなたの「我」の大もとは、何か。ここに気づくことが重要です。

人の欲求は、バイオナンバーで異なります。第1数、第2数は、自分でも気づいている欲求。反対に、第3数は自分では気づきにくい欲求です。

自分の第3数を確認する

〈バイオナンバーで異なる「人の欲求」〉→我が強くなっている時の改善法

「1」自分が決めた通りにやりたい → 相手の考えを知り尊重する

「2」周りから評価され注目されたい → 相手に相談し頼みごとをする

「3」好きなことを極めたい → 自分から相手に話しかける

「4」ルール通りきちんとやりたい → 相手に礼儀礼節を徹底する

「5」自分の考えを貫きたい → 相手の意思を確認する

「6」思いついたら即実行したい → 相手の都合に合わせて動く

自分が何を欲しているのか、常に客観視すること。特に第３数の欲求があなた自身のトラブルの原因になっていると理解することです。そして、常に自分を見つめてください。バイオナンバーは誕生とともに宇宙から与えられたもので、変えることはできません。それならば、自分に内在するエネルギーの特性を十分に理解し、上手にコントロールしていったほうが、人生は楽しく幸せに、思い通りに動いていきます。

大切なのは、**葛藤やスランプ、トラブルが生じた際には、第３数の欲求が強くなっているを速やかに気づき、「我が強くなっているときの改善法」を行うこと**。気づきが早ければ早いほど、トラブルの規模も小さくてすみます。反対に気づかなければ、トラブルも大きくなります。その分、エネルギーをロスし、あなたが本来やるべきことにエネルギーを費やせなくなります。

同時に、**謙虚になる**ことが大切です。謙虚になって「今は我が強くなっている」と気づき、**第１数、第２数が発揮されている自分を意識すること**です。そのためには、「活性化する言葉」を毎日音読することが不可欠となります。

毎日、音読をすることで、第２数があなたの魅力を発揮させ、第１数があなた本来の能力を再び目覚めさせます。絶対的自信を持つ活性化した状態に速やかに戻れるのです。

謙虚になれば孤独は消える

ほとんどのリーダーは、自信を持てば持つほど、我が強くなっていきます。我が強くなっている時、自分では見えていない第3数の欲求が、周りからははっきりと見えます。他人の欲求を満たすために、自分のエネルギーを無駄遣いしたくないのは当然の心理。よって、我の強いリーダーからは、人心が離れていきます。**リーダーほど孤独感を募らせるのは、我が強いため**なのです。

だからこそ、くり返しますが、リーダーに重要なのは、謙虚さ。謙虚であれば、第3数の我が強くなる前に、第1数、第2数へと戻れます。特に第2数は、自分の魅力の部分。このエネルギーがキラキラと輝いて見える人のもとに、人は集まってきます。利害関係者が増えれば増えるほど、あなたの世界はエネルギーにあふれ、拡大します。

うまくいかない時ほど謙虚になる。それによって人生が変わるのです。

「第１数」「第２数「第３数」の意味

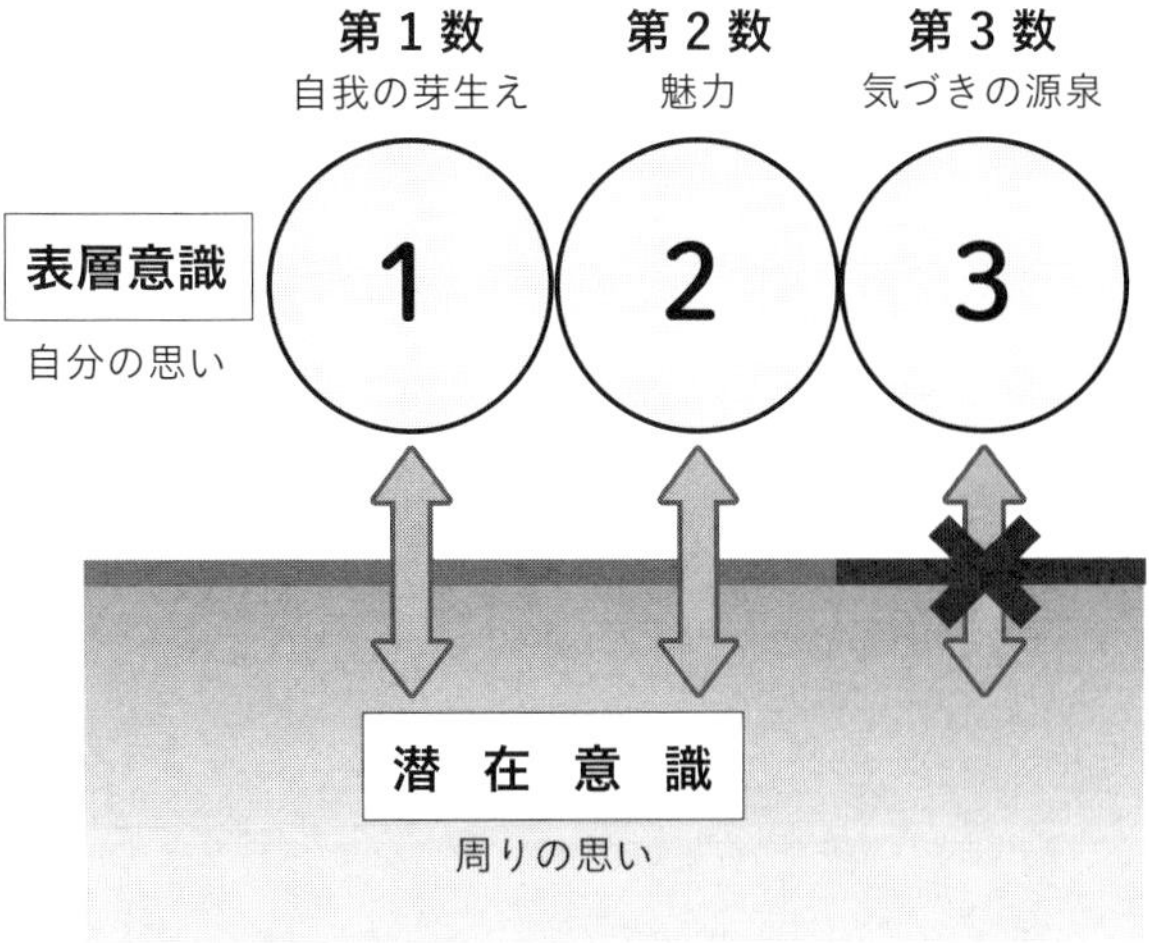

第１数と第２数は、表層意識と潜在意識の間をエネルギーが流れる。第３数だけは、表層意識と潜在意識の間をエネルギーが流れず、葛藤が起きてしまう。そのため、第３数のエネルギーは不活性化しやすく、トラブルの原因になりやすい。
言いかえれば、第３数の葛藤によって悩み苦しみ、自分自身を見直すキッカケを潜在意識がつくり出してくれている。つまり、人間は不完全な状態で生まれてきて、より完全になるためにさまざまな試練が与えられる。なぜなら、それは人間が進化成長するために必要だからだ。

「未来の自分の姿」を見ながら実践する

第1章で、最高のリーダーになるためには、「6つの技術」の継続的な実践が重要だとお伝えしました。「6つの技術」はそれぞれのバイオナンバーの特性でもあります。つまり、「6つの技術」は、「1」から「6」のバイオエネルギーと共通しています。

自分の第2数を確認する

【1】志を明確に示す	↑	「1」集中エネルギー
【2】ギブ・アンド・テイクを徹底する	↑	「2」交換エネルギー
【3】明るく笑顔で相手の興味を引き出す	↑	「3」制御エネルギー
【4】整理整頓を仕組み化する	↑	「4」蓄積エネルギー
【5】「なぜか」という理由を伝える	↑	「5」循環エネルギー
【6】自力で即実行する	↑	「6」発散エネルギー

「6つの技術」は継続が難しい理由が、実はここにあります。自分が内在するエネルギ

ーの技術は、必要性を理解し、意識して実践していくことで継続できます。その特性をもともと持っているからです。ところが、自分にないエネルギーは、いっそう強く意識しないと継続はできません。本来、その特性を持っていないからです。

この場合、どうするとよいのでしょうか。何より必要なのは謙虚さです。我を押し通すのではなく、素直に受け入れ、**「今日は、思い通りの未来を築く新たなスタート」という謙虚さで、一日一日、新たな気持ちで取り組む**こと。その実践が結果的に継続につながります。人の言動に影響を及ぼすバイオエネルギーは、過去からは来ません。常に未来から流れてきます。よって、未来に焦点を当てて実践する謙虚さが重要なのです。

ところが、過去から物事を考える人はこの意識を持てません。特に第２数が「５」の人は、過去のデータに基づいた理論から思考する特性があるため、未来から物事を考えることが苦手です。しかし、道理を理解して納得すれば、もっとも熱心に取り組めるのも「５」の人。いずれにしても重要なのは、**「６つの技術」の実践が未来をどう変えるか**に視点を置き、謙虚さを持って実践すること。一日一日実践していくことで、人生がプラスに変わっていく感覚を必ずつかめます。納得できるまで続けていってください。

バイオナンバーから3つのタイプにわけられる

あなたはどのタイプですか？

バイオナンバーには、「3つの数字がすべて違う」「2つの数字が同じで、1つだけ違う」「3つの数字が同じ」という3つのタイプがあります。

◎3つの数字がすべて違う人

このタイプの人は、3つの視点から客観的に物事を見ることができます。ただし、エネルギーが3つに分散されるため、3つとも同じ数字の人よりは突破力は弱くなります。

周りを客観的に見られる分、人の目が気になる一面が現れ、「大変そうだからやめておこう」という選択をしやすくなります。ただし、3つのバイオエネルギーをしっかりコントロールしていけば、３つの視点で物事を客観的に捉えられるので、判断の精度が高まります。エネルギーを活性化することで、「人のため世のためにチャレンジしよう」という思考を持てるようになります。

◎2つの数字が同じで、1つだけ違う人

このタイプの人は、３つの異なる数字を持つ人より、思考の客観性が弱くなります。ですが、１つのエネルギーの力は強くなります。客観性はやや弱くなる分、周りの目を気にして不安になることも少なく、より力強く人生を突き進んでいけます。

◎3つの数字が同じ人

これは「６６６」の人です。この人は「６」のバイオエネルギーが１００パーセントです。そのため、物事を客観的に見るのが苦手です。ただし、「これがいい」と思ったら、１００パーセントのエネルギーで突き進む爆発的なパワーを持っています。良いと思ったことは、できるだけ周りの人に相談することが、精度を上げるポイントです。

経営者の第2数から「パーパス（経営理念）」を考えよう

今、求められているのは「パーパス」経営

リーダーには、言葉の力で周りの人を導いていくエネルギーが必要です。特に欠かせないのが、志を明確に示すこと。志があるからこそ、潜在意識は動きます。

最近では、「パーパス」経営の重要性が問われています。経営者にとっては、パーパスこそが志です。自分の会社にはどんな存在意義があり、どのように社会貢献していくのか、明確な言葉で表すことがパーパスであり、その**志を軸に経営を行うことが「パーパス」経営**です。

従来の経営者は、商品やサービスを売ることで業績を上げることを第一に考えてきました。しかし、それだけでは社会の変化に対応できなくなる時が必ず来ます。

刻々と変化する社会に対応していくためには、社員一人ひとりが会社の存在意義を信じ、自社が提供するサービスや商品に誇りを持つこと。そして、「これは素晴らしいものだから、必ずお客様のプラスになります」と確信を持って伝えてこそ、お客様はそれを購入しようという意欲を持つことができます。

また、社員が経営者の志を自分のものとし、誇りにすることで、経営者の熱いエネルギーが商品に込められ、他にない魅力となって、選ばれる理由になるのです。

さらに、「クレド」の重要性も高まっています。クレドはラテン語で「志、約束、信条」との意味ですが、ビジネスでは「社員が心がける信条や行動指針」の意味で使われます。一言でいえば、経営者が社員に対して「こういう経営をする」と約束する「働き方の契約」がクレドです。

つまり、**パーパスが経営者の志を社会に広く発信していくものとすれば、クレドは社員に対して示していく志**。経営者がどんな志を明文化していくかによって、企業の存在価値は定まり、社員の質も決まってくることになります。

経営者の志が、経営者だけでなく、社員や会社の未来も決めていく、ということです。

パーパスに自分のエネルギーを込める

では、どんなふうにパーパスやクレドをつくるとよいのでしょうか。

そこが分からずに、悩んでいる経営者が大勢います。

大事なのは、経営者の第2数のバイオエネルギーを明文化すること。第2数こそが、あなたの魅力であり、アイデンティティ。そのエネルギーが活性化する言葉を使ってパーパスをつくると、あなたの志がより明確に社内外に伝わっていきます。

具体的には、**事業内容と第2数が活性化する言葉を組み合わせて、どんな経営を行っていくのか言語化**すること。第2数が活性化する言葉は、6つのバイオエネルギーの解説の項目で紹介した「活性化する言葉」に示されています。あの中から、「こんな思いで経営をしていきたい」とピンとくる言葉を選ぶことです。

その**パーパスを毎日声に出して社員とともに読み上げてください**。すると、全員の潜在意識にだんだんと浸透し、皆の成長と会社の発展につながります。

第3章

相手を「賛同者」に進化させる技術

利害関係者はあなたの潜在意識そのもの

相手の言動の理由を読み取っていく

「いくら同じことを言ってもまるで直らない」

「あの人のせいで、物事がうまく進まない」

そうしたマイナス現象が起こった時、原因が周囲にあると考えてしまうのは、思考のクセです。クセは、意識して直していくしかありません。いくら人を責めたところで、過去は変えられないのです。変えられるのは、未来だけ。**未来は、今ある気づきから、自分自身のバイオエネルギーを活性化していくことで、必ずより良く変わっていきます。**

そのためにまず必要なのは、第2数、第1数を活性化させる練習です。1日3回、声に出して「活性化する言葉」を読み上げていけば、確実にあなた自身の魅力や能力は高まり、輝き始めます。すると、周りに人が集まり、信頼を寄せられるようになります。

ここまでは、あなた自身に起こる変化です。

未来の世界を変え、最高のリーダーになるためには、この先が重要です。

一人では限られたことしかできない私たちは、周りの人たちの理解と協力を得ることで、唯一無二の素晴らしい世界を築いていくことができます。

そのために次に重要になるのが、**周りの人たちの理解と協力を得る**こと。それには相手の言動の趣旨と理由を読み取る必要が出てきます。

自分と周りのエネルギーは正反対

ところが現実には、これほど難しいことはありません。あなたがどんなに魅力的で、高い志を持っていたとしても、人はそう簡単に協力してくれないものです。

なぜでしょうか。**どうすると協力を得られるのか、方法が明確でない**からです。

バイオエネルギー理論では、利害関係者が思うように協力してくれない理由と、周りの人の協力を得る方法を明らかにしています。

まず、利害関係者の理解を得られない理由からお話しします。

実は、**あなたと利害関係者のエネルギーが、正反対**だからです。バイオエネルギー理論では、「自分の世界」と「周り（利害関係者）の世界」は、正反対のエネルギーを持っていると捉えています。そして、**「周りの世界」とは、「潜在意識の世界」**です。

第1章でお話ししたように、潜在意識の世界とは、人も時間も時代も善悪もすべてを包括した世界です。あなたの周りに広がっているのは、あなた自身が引き寄せた潜在意識の世界なのです。つまり、周りの人たちはあなたの潜在意識そのものです。

潜在意識は、あなたに常に成長し、進化してほしいと願っています。そのためには、大きなエネルギーが必要です。**大きなエネルギーは、正反対のエネルギーの流れから発生**します。しかし実際には、正反対のバイオエネルギーを自由自在に発揮することは難しい。利害関係者と心が通じ合わないのは、このためです。

ですが、自分にない価値を与えてくれるのは、正反対のエネルギーの持ち主。その交流を実現させることに、あなた自身が進化成長していく糧があるのです。

周りの世界はすべて自分がつくった潜在意識の世界

周りと自分の世界は「裏と表の関係」

周りと自分の世界のエネルギーを流す

バイオエネルギー第2数において、「周りの世界（潜在意識の世界）」と「自分の世界（表層意識の世界）」は、本来、エネルギーが行き来できる世界です。双方向にエネルギーが流れるのは、47〜48ページでお話ししたように両者が反対のエネルギーを持っているため、とバイオエネルギー理論では捉えています。反対というのは、以下の通りです。

「1」集中エネルギー〈念力〉　↕　「6」発散エネルギー〈動力〉
「2」交換エネルギー〈情力〉　↕　「5」循環エネルギー〈理力〉
「3」制御エネルギー〈感力〉　↕　「4」蓄積エネルギー〈持力〉

これらの組み合わせは、裏と表の関係です。そして、あなたの周りの世界は、自分の第２数の裏のエネルギーの表れです。具体的には以下の通りです。

「1」の人の周りの世界は、「6」のエネルギー
「2」の人の周りの世界は、「5」のエネルギー
「3」の人の周りの世界は、「4」のエネルギー
「4」の人の周りの世界は、「3」のエネルギー
「5」の人の周りの世界は、「2」のエネルギー
「6」の人の周りの世界は、「1」のエネルギー

あなたの第２数が活性化した状態で発揮されていれば、利害関係者からは、裏のエネルギーが活性化された状態で返ってきます。

反対に、あなたの第２数のエネルギーが不活性化していると、利害関係者からは、裏のエネルギーが不活性化した状態で返ってきます。予測している言動とまるっきり異なる反応が返ってくるのは、このためです。

あらゆる人間関係は「裏と表の関係」で進んでいく

もしも、周りと自分が「鏡の関係」であれば、気づくことは簡単です。「人の振り見て我が振り直せ」との言葉通り、自分の姿は周りに映し出されています。この場合、「私もこんなところがあるし、相手が同じようなトラブルを起こしても仕方がない」と割り切って考えることができます。

ところが現実は、周りの人と自分は「裏と表の関係」です。**裏と表の関係とは、相手と自分の思いは、真逆**だということ。自分が投げかけた言動は、逆の反応で返ってきます。そのために、相手がどうしてそんなことを言うのか、あるいは反抗的な行動を取るのか、理解に苦しむことがたびたび起こってくるのです。

なお、過去は「鏡の関係」とも言えます。鏡は、自分自身を映し出しますが、真実ではありません。自分が見たいように美化もできますし、気になるところばかりを見ることもできます。人が過去を振り返る時、常に自分が見たいように見ているものです。

一方、「今この時」から始まる**未来は、裏と表の関係で進んでいきます**。周りと自分の世界、潜在意識と表層意識の世界は、裏と表の関係だからこそ、互いにエネルギーが流れた時に、未来を変えていく大きな発展を生みます。

ここに気づけると、未来に対する恐れは消え、明るく見通せるようになります。**周りの人をどうコントロールすれば、人生を思い通りに築けるのか**が明確になるからです。

具体的には、利害関係者の言動は、あなたの裏のエネルギーから発揮されている、ということ。第2章で解説した、ご自身の第2数の裏の数字の項目を読んでください。それが、あなた自身の利害関係者の特性となって現れているのです。

未来を変えたいなら、自分のこれまでの「常識」を捨て、異なる概念を取り入れる必要があります。最初の小さな一歩が、未来を大きく変えていきます。その一歩というのが、**今この時からあらゆる人間関係は「裏と表の関係」で進んでいく**という思考です。

賛同者の大切さと未来を変えるエネルギー

利害関係者を賛同者に進化させる

利害関係者は、あなたには裏のエネルギーを発揮してほしいと望んでいます。「それができて当たり前」とも感じています。人は「自分にできることは、相手もできて当たり前」と考えるからです。

ところが、裏のエネルギーの特性は、あなたの第2数と正反対です。そのため、あなたがそのエネルギーを発揮するのは、非常に難しい課題になります。正反対であるがゆえに、苦手意識が働きやすいのです。

あなたの利害関係者が、あなたの志を理解し、協力し、応援者になってくれないのは、ここに理由があります。周りの人たちが望んでいることを、あなたがやっていないため、エネルギーが流れていかないのです。

言いかえれば、**あなたが利害関係者の望む形でエネルギーを発揮していくと、周りの人たち皆があなたの協力者となり、応援者**となってくれます。そうした真の味方である利害関係者を「**賛同者**」と、バイオエネルギー理論では呼んでいます。

あなたが思い通りの未来を築くには、賛同者が不可欠です。

とはいえ、苦手なことに意識して取り組むことは、まさに人生の修行です。その修行に向き合うエネルギーこそが、未来を変えていく原動力になっていきます。

わが子やパートナーにこそ気を抜かない

では、利害関係者を賛同者に変えていくには、どうすれば良いのでしょうか。

まず一つには、裏のバイオエネルギーの「活性化する言葉」をよく読み、理解してください。周りの人が、あなたにどんなリーダーであってほしいと望んでいるかが書かれています。ここに気づくことが、未来に変化を起こす第一歩です。

そのうえでもう一つ、非常に重要なことがあります。

それは、「**気を遣う**」ということです。バイオエネルギーは、気を抜いた瞬間、マイナスに転じます。マイナスの状態で人に向き合うと、相手に悪い印象を与えます。トラブルも起こりやすくなります。これでは、利害関係者を賛同者に進化させられません。

反対に、エネルギーをプラスに発揮できるよう、謙虚な気持ちで気を遣っていくと、相手から好印象を得られます。すると、「この人の側にいたい」「この人を応援していきたい」と、周りの人たちがプラスのエネルギーを返してくれるようになります。

特に気をつけなければいけないのは、家族に対してです。

外では気を遣っていたのに、家では気を抜く人が非常に多い。そこに家族が賛同者になってくれない理由があります。**家族はエネルギーの供給元**です。家族を大事にすることは、プラスのエネルギーで家族と交流するということ。特に重要なのはパートナーとの関係です。常にパートナーを第一に考え、互いに尊敬し合うことで、私たちはエネルギーを活性化できます。では、なぜ夫婦不和が起こるのかといえば、互いに気を抜いてしまっているからです。この世で、**もっとも気を抜いてはいけない相手は、実はパート**

ナーなのです。

しかも、子どもは、良くも悪くも親からエネルギーを得て育ちます。子どもに何か問題が生じた際には、夫婦関係に問題があると気づく必要があります。

なお、親は自分のほうが子どもより上の存在だと思いがちですが、実は反対。子どもは、あなたを選んで生まれてきたのです。親は子どもに選ばれた存在。**謙虚な気持ちで子どもと向き合い、真っ先に彼らの賛同者になる**ことです。決して「こうしろ」「ああしろ」と押しつけ、マイナスのエネルギーを送ってはいけません。それが、円満な親子関係を築くポイントです。

家庭の中がプラスのエネルギーで包まれ、家族にいちばんの賛同者になってもらって初めて、人は志を成し遂げられます。くり返しますが、家族はエネルギーの供給源です。そうであってこそ、私たちは外の世界でも最高のリーダーになれるのです。

とはいえ、ずっと気を遣い続けていては、疲れます。一人で過ごす癒しの時間を意識的につくることも重要です。一人の時には、存分に気を抜くと良いと思います。

潜在と表層のエネルギーは思春期で入れ替わる

幼少期の記憶の中に実践のカギがある

自分の裏のバイオエネルギーを発揮することは、意識せずには成功しません。とはいえ、完全に未知のことでもないのです。

遠い記憶の中にも、裏のバイオエネルギーを実践するカギがあります。

子どもの頃は、誰もが潜在意識に支配されています。自分と他人、今と過去と未来、プラスとマイナス、善と悪。あらゆる区別を持たず、自分が思うままに、今を過ごしているのが子どもです。**子どもの世界は、まさに潜在意識の世界そのもの**です。

その子ども時代に私たちが発揮していたのが、潜在意識のエネルギー、すなわち裏のバイオエネルギーです。つまり、私たちには誰もが潜在意識の世界で生きていた時代があります。では、あなたはどんな特性を持つ子どもだったでしょうか。

今とは正反対の特性を持っていませんでしたか。その頃の記憶を思い起こしていくと、裏のバイオエネルギーをコントロールしやすくなるはずです。

表層意識の目覚めが人を成長させる

人は、**成長とともに表層意識が目覚めていきます**。そして、表層意識のエネルギーがだんだんと意識を支配するようになります。

思春期の頃、精神的な発達とともに表層意識のエネルギーが潜在意識のエネルギーと入れ替わります。それが表層意識のバイオナンバーです。特に第２数がアイデンティティとなって現れるのです。

「大人の自分」が目覚めることで、視野が広がり、世界を広く見渡せるようになります。それによって、成長した思考になり、あらゆることに対処していけるようになります。

ですから、表層意識の目覚めが自己成長には欠かせません。

言いかえれば、表層意識の目覚めがない限り、成長もしません。潜在意識の世界の中で、自分と他人の区別もきちんとつかないまま、年齢ばかり重ねることになります。

すると、どんな大人になるのでしょうか。

その人は依存心が強く、自立心のない大人になります。色々なことを人任せにし、人に頼り、人のせいにするなど、自分で責任を取れない大人になります。言われたことしかできず、応用・改良のできない大人も、表層意識が十分に目覚めていないのです。

また、自分の物と人の物の区別がつかない人もいます。部下ががんばった成果を「オレが教えてやったからだぞ」と自分の手柄にする行為も、表層意識の目覚めが十分でないことの表れです。

なぜ、こんな大人がいるのでしょうか。養育環境で、表層意識を十分に目覚めさせてもらえなかったからです。そのため、一人前になれずにいるのです。

昔から「**かわいい子には旅をさせよ**」と言います。イギリスでは早くて7〜8歳、多くの子は11〜13歳で寄宿生活を始めます。一人前の大人に早く成長させるためです。

反対に、親が子どもを守り過ぎて、表層意識を目覚めさせるような体験を十分にさせないと、バイオエネルギーが不活性の状態で大人になります。

そうした人が、今、増えています。利害関係者がそうであった場合、どうすれば良いのでしょうか。バイオエネルギー理論では、

「去る者は追わず。来る者は拒まず、選んで受け入れる」

ということを重要な行動規範としています。我々は人をプラスのエネルギーでサポートすることはできます。しかし、「こうあるべきだ」と相手を変えることはできません。時には選んで受け入れることも、大人として必要な判断です。

その際に重要となる思考が、「周りで起こることは、すべて自分へのメッセージ」と受け入れることです。あなた自身がエネルギーを活性化していけば、プラスのエネルギーが相手を変えていく場合もあります。しかし、中にはなんとしても変わりたくない人もいます。そうしたマイナスのエネルギーの持ち主も自分が引き寄せた人です。自分が変わってプラスのエネルギーを発揮するようになれば、マイナスのエネルギーの持ち主はプラスに変わるか、居心地が悪くなって、自然と離れていくか、どちらかになります。それもまた、あなたがエネルギーを活性化させている証なのです。

「利害関係者を知り、自己修正する方法」について

裏と表どちらの特性も発揮していく

次項からは、バイオナンバー「1」から「6」までの「利害関係者を知り、自己修正する方法」を紹介していきます。利害関係者と自分は、まったく思考回路が違うことに気づき、認識を改めることが重要です。そうして自己修正をしていくことで、あなた自身が成長しますし、周りの人たちもあなたの賛同者へと進化していきます。

なお、**利害関係者は、あなた自身の強みと正反対の特性を、リーダーであるあなたに求めています**。左ページの図で示したように、裏と表、どちらの特性も発揮できるように、常に意識していくことが重要です。それでは、バイオナンバーごとに周りの人を「賛同者」にする仕組みについてお伝えしていきます。

「自分の強み」と「利害関係者があなたに望むこと」

あなたと利害関係者は「裏と表の関係」にある。
「表」の特性はあなた自身の強み（魅力）。
「裏」の特性は、利害関係者があなたに望むこと。
どちらも発揮できるよう、常に意識していくことが
リーダーには求められている。

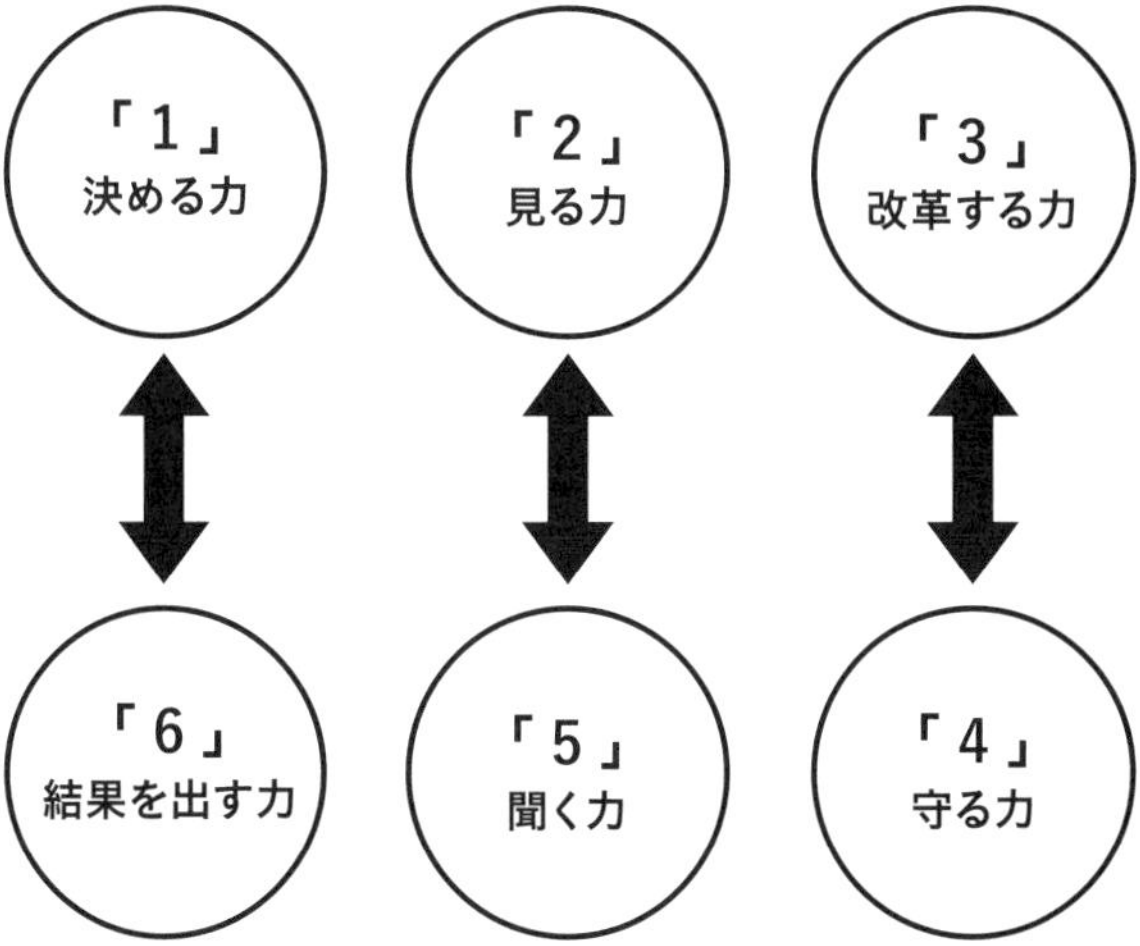

バイオナンバー第2数が「1」のリーダー

利害関係者を知り、自己修正する方法

バイオナンバー第2数が「1」の人の場合、利害関係者は「6」です。

発散エネルギーである「6」の最大の特性は、瞬時の判断と気楽で機敏な行動で、あらゆるチャンスを呼び込むこと。それゆえに、大雑把で忘れっぽい一面もありますが、「必ず結果を出してくれる」と信頼することで賛同者になってくれます。

「1」の人が利害関係者（「6」のエネルギー）を賛同者へと進化させるには、相手を理解し、あなた自身が言動を修正すること。それには次の10の項目の実践が効果的です。

①相手は大まかで雑なところがある。
私はいかなる時にも細かく見直し、黙って正しい方向に修正する。

②相手は無計画に行動する。
私はいかなる時にも思いを伝えて具体的な計画を立ててから提案する。

③相手は唐突に変更する場合がある。
私はいかなる時にもその意図を理解し、周りに正しい方向を示す。

④相手は聞いたことを忘れる。
私はいかなる時にもその都度、趣旨をはっきりと伝える。

⑤相手は大雑把でざっくばらんである。
私はいかなる時にも何事もおおらかに受け入れ、上品に振る舞う。

⑥相手は直観的に矛盾を見抜く力がある。
私はいかなる時にも、ウソを言わず、事実を単刀直入に伝える。

⑦相手は同時に色々できる。
私はいかなる時にも優先順位を決め、目標を一つに絞り集中して突き進んでいく。

⑧相手は無謀でトラブルを恐れない。
私はいかなる時にも何事も思い通りにできるので、目標を決めて着実に実行する。

⑨相手は不可能を可能にする力があり、結果を出せる。
私はいかなる時にも前向きにプラス発想で自分ができないことをお願いする。

⑩相手は良かれと思って色々言ってくる。
私はいかなる時にも参考にするが信念を貫き、惑わされずに実行する。

周りの人を「賛同者」にする方法

周りを信じ、単純明快にお願いする力を身につけよう

「1」は何事もプラス発想をし、思いを実現していく特性があります。決めたら決めた通りになるエネルギーです。「信じれば必ず実現できる」という揺るぎないプライドを持って、方向性を1つに定めることができれば、必ず思い通りになっていきます。

一方、周りの人の「6」のエネルギーの特性は、結果を出す力です。

そのため、お願いをされると積極的に行動し、結果を出してくれます。あらゆる問題解決のために奔走することで、進化成長していくエネルギーでもあります。

「1」と周りの「6」の関係をイメージで表現すると、たとえるならば**「1」が騎手、「6」が馬**です。**「1」の騎手が目的地をしっかり決めれば、あとは「6」の馬が目的地まで突っ走って**くれます。直観力に優れた「6」の馬には、結果が見えているので、明確な方向を示せば、積極的に行動して素早く結果を出してくれます。

ただし、「6」の馬はスピードが速いため、せっかちという特性が現れます。ところ

が「1」の騎手は完璧主義。自分が思い描く完璧な方法で物事を確実に進めようと固執する傾向があります。この違いがトラブルを生みます。「1」の騎手の物事を慎重に捉える姿は、スピードが速い「6」の馬には「対応がはっきりせず、もどかしい」と感じます。「1」の騎手が、周りの信頼を得るには、目標を決めたら、見切り発車でもスタートすることです。

また、「1」の騎手は「何事も1から10まで丁寧な言葉で分かりやすく伝えたい」と考えます。その思いは、相手に回りくどさを感じさせます。「6」の馬は結論から考えるので、単純明快に伝えてほしいのです。大切なのは**「結論から伝える」**ことです。

なお、「6」の馬は指示されたり頼まれたりしたことはやりますが、強く命令されると反発して素直さを失います。「1」が名騎手になって「6」を名馬へと進化成長させるには、相手のよいところを認め、褒め、ヨイショし、自信を持たせること。名馬とは、**「瞬発力、行動力、決断力、実行力、問題解決力、勇気、挑戦力、矛盾を見抜く力、褒める力、強い自立心を持っている人」**のこと。「1」の人が最高のリーダーになるには、周りを名馬へと進化させるような人間関係を築いていくと良いのです。

賛同者から返ってくるエネルギー

利害関係者が賛同者に進化すると、相手からもプラスのエネルギーが返ってきます。それは、活性化された「６」のエネルギーです。

「１」の人が周りを信頼し、夢を与え、正しく導いていくと、周りからは、行動し、結果を出してくれるという「６」のエネルギーが返ってくるのです。

また、賛同者がサポートした時のエネルギーも、「６」のエネルギーです。

「１」の人が、躊躇《ちゅうちょ》してなかなか動けない時、賛同者は**「ピンチはチャンス」と言って、気楽に自力で行動し、結果を出してくれます**。控えめで上品でありたい「１」の人のために、誠実に丁寧な姿勢で寄り添ってくれます。慎重で繊細な「１」の人の背中を押すために、詳細なデータや根拠を提示してくれることもあります。

そんな「６」の特性は「１」の人にはない、価値あるものです。周りの人たちが賛同者になると、その特性であなたを支え、ともに素晴らしい未来を築いてくれるのです。

バイオナンバー第2数が「2」のリーダー

利害関係者を知り、自己修正する方法

バイオナンバー第2数が「2」の人の場合、利害関係者は「5」です。循環エネルギーである「5」の最大の特性は、知識を活用して論理的に判断し、冷静に行動すること。それゆえに理屈優先で、相手の気持ちを理解できないところがありますが、「周りの話を聞いて調和調整したい」という思いがあるので、こちらから相談すると賛同者になってくれます。

「2」の人が利害関係者（「5」のエネルギー）を賛同者へと進化させるには、相手を理解し、あなた自身が言動を修正すること。それには次の10の項目の実践が効果的です。

①相手はこちらの気持ちを感じ取ってくれない。
私はいかなる時にも相手の希望に応える気遣いを徹底する。

②相手はこちらの現状をまったく理解できない。
私はいかなる時にも思いをはっきり伝え、理解しているかを確認する。

③相手は私の気持ちより理屈を優先する。
私はいかなる時にも相手の立場や考えを理解し、先読みして対処する。

④相手は自己主張が強く意見を押し通してくる。
私はいかなる時にも本音をはっきり伝え、自分の考えを理解してもらう。

⑤相手はギブ・アンド・テイクの考えがない。
私はいかなる時にもすぐに感謝の気持ちを伝えるとともに、丁寧にお返しをする。

⑥相手は判断に時間がかかる。

協力してもらうために、私はいかなる時にも早めに余裕を持ってお願いをする。

⑦相手は人の世話が苦手である。

私はいかなる時にも誰に対しても平等に徹底して面倒を見る。

⑧相手は上から目線で指示をしてくる特性がある。

私はいかなる時にも常に相手を立て、謙虚に振る舞う。

⑨相手は本来誠実である。

私はいかなる時にも出会いを大切にし、行き違いがあっても、末永い人間関係を構築する。

⑩相手は外面《そとづら》内面《うちづら》が変わることを気にする。

私はいかなる時にも家族にも気を抜かず気遣いを徹底する。

周りの人を「賛同者」にする方法

無償の愛を相手に注ぎ、先手必勝で動こう

「２」は本来、常に相手中心に考え、思いやりと無償の愛で人を情熱的に動かしていくエネルギーです。「自分は必要とされている」という自信が原動力になる「２」の人は、相手の思いを察知する観察力を磨いていくと、大切な場面でツキを次々に引き寄せていくことができます。

一方、周りの人の「５」のエネルギーの特性は、聞く力です。あなたの話を聞き、冷静な分析をし、論理的に判断します。また、綿密な計画性を持つ反面、自然体で自己表現していくエネルギーでもあります。

「２」と周りの「５」の関係をイメージで表現すると、たとえるならば、**「２」が監督で、「５」は役者**です。**「２」の監督が役者の思いを敏感に察知し、何をどう演じてほしいのか、分かりやすく情熱的に伝えて**いけば、「５」の役者は聴衆を魅了する演技で、監督の思いを見事に表現してくれます。

ただし、「聞く力」が特性である「5」の役者は、言わなければ気づきません。こちらの現状を理解せず、自分の理屈を優先します。一方、「2」の監督は「言わなくても見れば分かるはず」と考えます。自分が本音を伝えずとも、相手に察してほしいと思っているのです。この違いがトラブルを生みます。しかも、「5」の役者からすると、本音を言わない監督ほど困る相手はいません。次に何をどうしたら良いか、分からないからです。また、「2」の監督は「私はあなたのためにこんなにがんばっている」と感謝を求めますが、「5」の役者からすれば「それがあなたの仕事だろう」「やりたくてやっているのだろう」と感じます。

よって、「2」の監督に大切なのは**「無償の愛と先手必勝」**。自分が相手に何を望んでいるのかを真っ先に伝え、無償の愛を注いでいくと、「5」を優れた役者へと進化させられます。優れた役者とは、**「分析力に長け、頭脳明晰、説得力があり、弁舌さわやか、周りを納得させる、実績を示す、常に平常心、探究心旺盛、調和調整能力を持っている人」**です。「2」の人が最高のリーダーになるには、周りを優れた役者に進化させるような関係を築いていくとよいのです。

賛同者から返ってくるエネルギー

利害関係者が賛同者に進化すると、相手からもプラスのエネルギーが返ってきます。

それは、活性化された「５」のエネルギーです。

「２」の人が周りに温かく思いやりを持って優しく接すると、周りからは、素直に受け入れ、話を聞いてくれるという「５」のエネルギーが返ってくるのです。

また、賛同者がサポートした時のエネルギーも、「５」のエネルギーです。

「２」の人が、人からの評価を気にして本音を言えずにいると、**賛同者は素直に受け入れ、本音を優しく聞き、癒してくれます**。その都度、感謝の気持ちを伝えてくれますし、あなたが夢を実現するための最高のアドバイスもくれます。

そうした「５」の特性は「２」の人にはない、価値あるものです。周りの人たちが賛同者になると、その特性であなたを支え、ともに素晴らしい未来を築いてくれるのです。

バイオナンバー第2数が「3」のリーダー

利害関係者を知り、自己修正する方法

バイオナンバー第2数が「3」の人の場合、利害関係者は「4」です。

蓄積エネルギーである「4」は、あらゆる要素を取捨選択し、必要なものを蓄えていくエネルギーです。それゆえに、保守的でルールや礼儀、けじめを遵守したい几帳面な面がありますが、相手に「自分は正当に評価されている」という認識を持ってもらうことができれば、賛同者になってくれます。

「3」の人が利害関係者（「4」のエネルギー）を賛同者へと進化させるには、相手を理解し、あなた自身が言動を修正すること。それには次の10の項目の実践が効果的です。

①相手は礼儀とけじめを重視する。
相手が厳しい態度を取っても、私はいかなる時にも明るく大らかに対応する。

②相手は環境整備の徹底を望んでいる。
私はいかなる時にも臨機応変に環境を整備する。

③相手は古い常識に固執し、多様性を受け入れにくい。
私はいかなる時にも好き嫌いせず、誰とでも仲良く平等に接する。

④相手は保守的で自分流のルールを守ろうとする。
私はいかなる時にも新しい情報を取り入れ、改革を促す。

⑤相手はさまざまな情報を蓄積している。
私はいかなる時にも色々質問して相手の興味を引き出し、深く追求する。

⑥相手は皆に足並みをそろえさせようとする。
私はいかなる時にも大らかに受け入れるが、独自の行動も大切にする。

⑦相手はがまん強く私を支えてくれる。
私はいかなる時にも感謝をしつつ、明るく前向きに成すべきことを全うする。

⑧相手は新しい分野や領域が苦手である。
私はいかなる時にも専門知識を磨いて情報を集め応用・改良につなげる。

⑨相手はメジャー思考にこだわる。
私はいかなる時にもマイナーな物事にも好奇心旺盛に取り組む。

⑩相手は疲れてくると不機嫌になる。
私はいかなる時にも相手が元気になるまで笑顔でヨイショを続ける。

周りの人を「賛同者」にする方法

明るく前向きに自分の考えを相手に伝えよう

「3」は明るく笑顔で周りを幸せな気持ちにさせ、逆境にも柔軟に対応でき、パワーをすべての人に与え続けるエネルギーです。「自分はどんなことにも臨機応変に対応できる」という自信が原動力になる「3」の人は、1から100をつくるような応用・改良する力に優れ、人が思いもしないような天才的な力を発揮する能力があります。

一方、周りの人の「4」の特性は守る力です。義理を重んじ、礼儀正しく、今あるものを忠実に守っていく、何事にも忍耐強く取り組めるエネルギーがあります。

「3」と周りの「4」の関係をイメージで表現すると、たとえるならば**「3」は王様、「4」は執事**です。**「3」の王様が明るく元気に笑顔で分け隔てなく周りの人と接し、「おもしろそう」という興味や関心に従って応用・改良を楽しんで進めていく**と、「4」の執事はあなたに奉仕し、利益を出す方法をともに考えていってくれます。

ただし、「4」の執事は、ルールやマナー、礼儀を大切にしたい気持ちが強くあります。一方、「3」の王様は型にはめられるのを嫌い、執事の言葉を軽んずるところがあります。この違いがトラブルを生みます。しかも、「3」の王様は興味の赴くままにスピーディにチャレンジしていくことが、「4」の執事には節操のない軽い言動に見えてしまうのです。

よって、「3」の王様に大切なのは**「明るく前向きに自分の考えをきちんと伝えること」**。特に不都合なことほど正直に伝えることが信頼関係につながります。「4」の執事は保守的で融通がきかないところもありますが、真面目で忠実なので、納得すれば何事も協力して助けてくれます。優れた執事とは**「堅実に物事を進める、約束は守る、規則規律を重んじる、時間管理が上手、安定的な財政基盤を持つ、ボランティア精神が強い、整理整頓を徹底する人」**のこと。明るく前向きに、奇想天外にならないよう指示を出すことで、周りの人たちを優れた執事に進化されられます。

すると「4」の執事は「3」の王様をバックアップするため、自分が蓄積したもの（人・物・金・体力・ゆとり）を提供してくれます。そのため、「3」の王様は豊かで安定的な財政基盤を築けるのです。つまり「3」の王様が最高のリーダーになるには、周りが優れた執事に進化できるよう、礼儀礼節を守り、けじめのある態度で接することです。

賛同者から返ってくるエネルギー

利害関係者が賛同者に進化すると、相手からもプラスのエネルギーが返ってきます。

それは、活性化された「４」のエネルギーです。

「３」の人が周りに明るく笑顔で分け隔てなく接すると、周りからは、利益を与え、奉仕してくれるという「４」のエネルギーが返ってくるのです。

また、賛同者がサポートした時のエネルギーも、「４」のエネルギーです。

「３」の人は苦手意識を持ったり、余裕がなくなったりすると、すぐに諦め、逃げ出し、怠惰《たいだ》になるところがありますが、**賛同者はまじめに忍耐強く取り組み、最後まで根気よく成し遂げてくれます**。そして奉仕の精神で、あなたを支え続けてくれます。

そうした「４」の特性は「３」の人にはない、価値あるものです。周りの人たちが賛同者になると、その特性であなたを支え、ともに素晴らしい未来を築いてくれるのです。

バイオナンバー第2数が「4」のリーダー

利害関係者を知り、自己修正する方法

バイオナンバー第2数が「4」の人の場合、利害関係者は「3」です。

制御エネルギーである「3」は状況の変化に柔軟に対応し、自由自在にパワーを取り込めるエネルギーです。

それゆえに型にはめられるのを嫌いますが、「どんなことにも臨機応変に適応できる」と相手を認めて信頼すると賛同者になってくれます。

「4」の人が利害関係者（「3」のエネルギー）を賛同者へと進化させるには、相手を理解し、あなた自身が言動を修正すること。それには次の10の項目の実践が効果的です。

①相手は余裕がなくなるとルーズになりやすい。
私はいかなる時にも徹底的にルールやマナーを守る。

②相手は情報を色々集めるがうまく活用できない。
私はいかなる時にも情報を整理し、必要なものを上手に活用する。

③相手は嫌なことを避けて通ろうとする。
私はいかなる時にも嫌なことほど率先して取り組み、問題を解決する。

④相手は苦手意識があるとすぐ諦めてしまう。
私はいかなる時にも忍耐力を発揮し、最後まで成し遂げる。

⑤相手は問題に直面すると暗くなりやすい。
私はいかなる時にも堂々と笑顔で対応する。

⑥相手は自分の都合で約束を反故にする時がある。
私はいかなる時にも余程のことがない限り約束を守る。

⑦相手は状況判断に甘く無駄が多い。
私はいかなる時にも完璧なタイムスケジュールで課題を達成する。

⑧相手はお金を惜しみなく使う。
私はいかなる時にも経済感覚を磨き続け、適切な金銭管理をする。

⑨相手は社会貢献には弱いところがある。
私はいかなる時にも奉仕の精神を持って行動し、社会に貢献する。

⑩相手は自分の健康管理には神経質である。
私はいかなる時にも体力があるといって無理をせず、健康管理を徹底する。

周りの人を「賛同者」にする方法

人と一緒にいる時には笑顔を絶やさない

「４」は使命感や責任感が強く、何事も忍耐強く取り組んで、物事を成し遂げていくエネルギーです。「自分が正当に評価されている」という自信が原動力になる「４」の人は、ルールや基本を守ることで周りを繁栄に導いていく力があります。

一方、周りの人の「３」の特性は改革する力です。自由でいることを望み、自分の好きな分野においては能力をおおいに発揮していきます。

「４」と周りの「３」の関係をイメージで表現すると、たとえるならば**「４」は教師、「３」は生徒**です。

「４」の教師が「３」の生徒と同じ視点に立ち、奉仕の心を持って明るく笑顔でおおらかに導いていくと、生徒は既存の概念にとらわれない自由な発想で、新しい風を吹き込んでくれます。

ただし、「３」の生徒は、自分の感性を判断の基準にしているので、「こうあるべきだ」とルールやマナーを強要されると、自分が否定されたと感じ、やる気を失います。

一方、「4」の教師はルールやマナーなど決められたことを几帳面に守り、堅実に物事を進めていくことにやりがいを感じます。この違いがトラブルを生みます。

「4」の教師は、「ルールに則って決めたことは、その通りにやる」という思いが強く、「3」の生徒に対しても「こうあるべきだ」と正そうとします。その言動は生徒からすると型にはめられ、管理されているようで、窮屈に感じます。

だからこそ「4」の教師に大切なのは「笑顔」。「4」の教師は、**人といる時には笑顔を絶やさない**ことです。細かなことにとらわれず、明るくおおらかな気持ちで何事も受け止めていくことも大事。そうすることで、「3」の生徒はあなたに素直に従い、正直に物事を言えるようになって、困ったことほど真っ先に伝えてくれるようになります。

優れた生徒とは、「情報を自ら集め、既存の概念にとらわれない自由な発想で活動し、新たな風を吹き込み、自らの進化成長と周りの発展を同時に成し遂げていく人」のことです。「4」の人が「生徒と同じ目線に立てる、生徒思いの素晴らしい教師」を演じることで、周りは自分の興味ある分野で優れた能力を発揮するようになっていきます。

賛同者から返ってくるエネルギー

利害関係者が賛同者に進化すると、相手からもプラスのエネルギーが返ってきます。それは、活性化された「３」のエネルギーです。

「４」の人が「生徒と同じ目線に立てる、生徒思いの素晴らしい教師」となって奉仕の心を持ち、ほどよく利益を与えていくと、相手からは**明るく楽しく周りを盛り上げ、自由な発想で新風を吹き込む**という「３」のエネルギーが返ってくるのです。

また、賛同者がサポートした時のエネルギーも、「３」のエネルギーです。「４」の人は保守的で、多様性を認めにくく、メジャーなものを重視しますが、**賛同者は好き嫌いせずに誰とでも仲良く平等に**接し、あなたが蓄積した情報を有意義なものに応用・改良していってくれます。

そうした「３」の特性は「４」の人にはない、価値あるものです。周りの人たちが賛同者になると、その特性であなたを支え、ともに素晴らしい未来を築いてくれるのです。

バイオナンバー第2数が「5」のリーダー

利害関係者を知り、自己修正する方法

バイオナンバー第2数が「5」の人の場合、利害関係者は「2」です。

交換エネルギーである「2」は、常に相手中心に考える優しさと無償の愛で活性化するエネルギーです。それゆえに常に感謝の気持ちを求めていますが、「自分は必要とされている」と思わせるような信頼関係ができると賛同者になってくれます。

「5」の人が利害関係者（「2」のエネルギー）を賛同者へと進化させるには、相手を理解し、あなた自身が言動を修正すること。それには次の10の項目の実践が効果的です。

①相手は優しい時と冷たい時がある。
相手が冷たく感じても、私はいかなる時にも考えを言葉にし、分かりやすく伝える。

②相手は自分の本音をなかなか言わない。
私はいかなる時にもあえて気楽に声をかけ、本音を聞く。

③相手は、人柄は良いが情報共有が疎かになる。
私はいかなる時にも率先して「報・連・相」を徹底する。

④相手は常に感謝を期待している。
私はいかなる時にも周りをよく見て、相手が気遣いをしてくれるたびに感謝を伝える。

⑤相手の意見は的を射ている。
私はいかなる時にも色々コメントしたくなるが、素直に聞いて、いったん受け入れる。

⑥相手は気持ちを聞いてあげると安心する。
私はいかなる時にも相槌を打ちながら、相手の気持ちを丁寧に聞き出す。

⑦相手は都合の悪いことは言わない。
私はいかなる時にも都合の悪いことこそ理由を説明し、誤解を生まないよう気を配る。

⑧相手は親しくなると問題点を指摘してくれる。
私はいかなる時にも胸襟《きょうきん》を開き、指摘を謙虚に受け入れ、改善する。

⑨相手は先を読めるタイプである。
私はいかなる時にも相手の意見を素直に聞いて、リスクを想定する。

⑩相手は大きな夢を持っている。
私はいかなる時にも相手の夢から学び、自分の進化成長につなげる。

周りの人を「賛同者」にする方法

素直さと謙虚さを忘れず、常に相手に寄り添おう

「5」は物事を冷静に分析し、論理的に思考し、状況を適切に判断し、理路整然と相手に説明できるエネルギーです。「周りを納得させられる」という自信が原動力になる「5」の人は、宇宙や自然の法則に則って社会を正しい方向へ導く力があります。

一方、周りの人の「2」の特性は見る力です。表情や言動から相手の気持ちや考えていることを察し、目の前にいる人が信頼できる相手かどうかを観察しています。そして、信頼できると判断すると、あなたのために思いやりをもって何事にもがんばってくれます。

「5」と周りの「2」の関係をイメージで表現すると、たとえるならば**「5」が医者で、「2」が患者**です。**「5」の医者が「2」の患者の目線に立って寄り添い、じっくりと相談に乗って、誰にでも理解できる分かりやすい言葉で話しかける**ようにすると、「2」の患者は安心して医者を信頼し、診断を素直に受け入れて、胸襟を開くようになります。

ところが「5」の医者は、元来、頭が良いうえ、知識欲が旺盛で博識であるため、無

自覚にも、専門用語の表現を多用するところがあります。しかし「2」の患者は、常に誰にでも理解できる優しい説明を求めています。この違いがトラブルを生みます。

一方で、博識である「5」の医者には、さまざまな相談事が持ち込まれます。「2」の患者は、医者に「聞いてもらうこと」を期待しています。そうした相談には気軽に乗り、相手の話に真摯に耳を傾け、寄り添うこと。たとえ正論であっても上から目線の言動は、相手の気持ちを逆なでし、トラブルを引き寄せる原因になるので注意が必要です。

つまり**「5」の医者に大切なのは、「素直さと謙虚さ」**。この2つを忘れず、「いつもあなたの味方ですよ」と印象づけることができると、「2」の患者はあなたの偉大さに気づき、安心し、全面的に信頼します。

そんな賢い患者とは、**「親切、情熱的、優しい、思いやりがある、気遣い抜群、面倒見が良い、気持ちが温かい、安心感がある、努力家、ネットワークが広い、人間関係力が抜群の人」**のこと。「5」の医者が持ち前の頭脳明晰さや探究心を発揮しながら、相手の気持ちに優しく真摯に寄り添うことで、「2」の患者はあなたに惜しみない信頼を注いでくれるようになるのです。

周りの人を「賛同者」にする方法

賛同者から返ってくるエネルギー

利害関係者が賛同者に進化すると、相手からもプラスのエネルギーが返ってきます。それは、活性化された「２」のエネルギーです。

「５」の人が相手の話を素直に聞き、認め、謙虚な気持ちで受け入れていくと、優しく気を遣い、情熱的に努力をするという「２」のエネルギーが返ってくるのです。

また、賛同者がサポートした時のエネルギーも、「２」のエネルギーです。

「５」の人は理屈優先で、相手の気持ちを察知できないところがありますが、**賛同者はあなたの思いを察し、気遣ってくれる**ようになります。納得してからでなければ前に進めないあなたに代わって、余裕を持って早めに対応してくれます。さらに、本音でつきあえる仲へと発展し、あなたの面倒を気持ちよく見てくれるようになるのです。

そうした「２」の特性は「５」の人にはない価値あるものです。周りの人たちが賛同者になると、その特性であなたを支え、ともに素晴らしい未来を築いてくれるのです。

バイオナンバー第2数が「6」のリーダー

利害関係者を知り、自己修正する方法

バイオナンバー第2数が「6」の人の場合、利害関係者は「1」です。

集中エネルギーである「1」は、進むべき目的・目標を1点に集中させ、絶対化することで活性化するエネルギーです。それゆえに慎重で決断が遅い一面がありますが、相手は「何事も必ず達成できる」と信頼することで賛同者になってくれます。

「6」の人が利害関係者（「1」のエネルギー）を賛同者へと進化させるには、相手を理解し、あなた自身が言動を修正すること。それには次の10の項目の実践が効果的です。

①相手は新しいチャレンジには躊躇する。
私はいかなる時にも新しいことに自ら挑戦し、結果を出す。

②相手はなかなか動かず、人任せにする傾向がある。
私はいかなる時にも成功体験をつくるために自力で即行動する。

③相手は順序立てて考える。
私はいかなる時にも行動の趣旨を丁寧に説明し納得してもらってから実行する。

④相手は時間をかけてじっくりと考える。
私はいかなる時にもイライラせず、気長に待ち、余裕を持って取り組む。

⑤相手は前例のないことには慎重になる。
私はいかなる時にも無理強いせず率先してやって見せてから進める。

⑥相手は矛盾を見抜けず繊細である。
私はいかなる時にもそこには直接触れず良いところを褒める。

⑦相手は控えめで上品である。
私はいかなる時にもオーバートークせず誠実に事実を正直に伝える。

⑧相手は慎重で細かい。
私はいかなる時にも賛同を得やすいように詳細なデータや根拠を提示し同意を得る。

⑨相手は都合の悪いことは言わない。
私はいかなる時にもそのことを先読みし、別の方法で対処する。

⑩相手はピンチになるとマイナス思考になる。
私はいかなる時にもピンチはチャンスと捉え挑戦し続ける。

周りの人を「賛同者」にする方法

何事もひと呼吸置いてから言動に移そう

「６」は何事も即断即決し、積極的に行動し、周りの人たちに希望を与えて問題解決し、進化成長するエネルギーです。「必ず結果を出す」という自信が原動力になる「６」の人は、今いる環境を発展させ、前進させる力があります。

一方、周りの人の「１」の特性は決める力です。目的・目標を明確にし、何事もプラス発想をして、人を信頼し、リーダーシップを執って思いを実現していきます。

「６」と周りの「１」の関係をイメージで表現すると、たとえるならば**「６」が家老で、「１」が若君・姫君**です。**方向を決めるのは「１」の若君・姫君であり、結果を出していくのが「６」の家老。**「６」の家老は直観力に優れ、結果を見通す力があります。「１」の若君・姫君が決めたことを、「６」は有能な家老のごとく、常に褒め、賛美し、プラス発言をして結果を出し、サポートしていくことが大事です。

「６」が有能な家老になれば、若君・姫君はやがて偉大な君主へと進化します。それには、御神輿《おみこし》をかつぐイメージで「ヨイショ」をし、もり立てていくことです。

ところが、「6」の家老はエネルギーのスピードが速く、何事も「結果良ければすべて良し」と考え、思いつきで次々に行動する傾向があります。一方の「1」の若君・姫君は慎重で繊細、納得するまでに時間がかかります。無理やり物事を進めてしまうとやる気をなくさせます。しかも、結論を早く求める「6」の家老の言動は、「1」の若君・姫君にプレッシャーを与えます。この違いがトラブルを生みます。

だからこそ、「6」の家老に大切なのは、相手にプレッシャーを与えないよう言葉に注意し、**「何事もひと呼吸を置いてから発言すること」**。そして、良かれと思って相手の言動を先回りせず、依頼があった時にのみ、全力で対応することです。

「1」の偉大な君主とは、**「カリスマ性があり、絶対にこうでありたいと思う物事を集中力で達成する。明確な目標を持ち、リーダーシップを発揮し、民を正しく導く人」**のことです。

「1」の若君・姫君は自分が決めたことを実現していく力があり、偉大な君主に成長すると、「6」の世界を自動的に大きく広げ、最高の環境を築いてくれます。

賛同者から返ってくるエネルギー

利害関係者が賛同者に進化すると、相手からもプラスのエネルギーが返ってきます。それは、活性化された「１」のエネルギーです。

「６」の人が相手の良いところを褒め、賛美し、ヨイショし、プラス発言を続けていくと、周りからは信頼し、味方になってくれるという「１」のエネルギーが返ってきます。

また、賛同者がサポートした時のエネルギーも、「１」のエネルギーです。

「６」の人は大雑把でせっかち、直観的に判断して勘違いするところがありますが、**賛同者は丁寧に見直し、具体的な計画を立て、その都度、明確にはっきりと伝えてくれる**ようになります。また、無謀でトラブルを恐れないあなたに対し、リスクを想定したうえで対策を決め、目標を１つに絞って確実に実行してくれます。

そうした「１」の特性は「６」の人にはない価値あるものです。周りの人たちが賛同者になると、その特性であなたを支え、ともに素晴らしい未来を築いてくれるのです。

「最高のリーダー」になるための練習プログラム

潜在意識に働きかけていくイメージ

左ページに示す練習プログラムを毎日続けることで、あなたの志を達成するために必要な人や情報、仕組みが引き寄せられます。潜在意識に働きかけていくことを意識して練習することで、未来は変わっていきます。

時にはトラブルも起こります。トラブルは、潜在意識からのメッセージです。マイナスのことは絶対に言わず、「有り難うございました（＝気づきました）」と瞬時に言葉にする。これができると人生の場面が変わります。潜在意識が味方につけば、利害関係者があなたの賛同者に進化します。それによってあなたは志を実現し、思い通りの未来を築いていけます。そうした目的意識を持って、毎日欠かさず練習してください。

「最高のリーダー」になるための練習プログラム

①「自分の魅力を高めるトレーニング」

自分の第２数の「活性化する言葉」を３回音読する

↓

②「自分の能力を高めるトレーニング」

自分の第１数の「活性化する言葉」を３回音読する

↓

③「リーダーの資質を高めるトレーニング」

裏の第２数の「活性化する言葉」を３回音読する

↓

④「周りを知って、自己修正するトレーニング」

自分の第２数の
「利害関係者を知り自己修正する方法」を３回音読する

※①〜④を続けて毎日行うことで、潜在意識の世界が変わり、表層意識と潜在意識が一体化して、思い通りの未来が築かれていきます。最高のリーダーとして、自分も周りの人も進化成長させていくことができます。

※この練習プログラムはバイオエネルギーを活性化させるためのものであり、表面的に行うだけでは潜在意識が動きません。信じて練習することが大切です。

第4章

バイオナンバー別・リーダーの実例

集中エネルギー「1」のリーダー

イーロン・マスク氏

アメリカの実業家。スペースX・テスラCEOなど

バイオナンバー 314／1971年6月28日生

イーロン・マスク氏のバイオナンバーは「314」。第2数は「1」です。

彼には子どもの頃に夢見た自分像があります。それは「世界を救うヒーロー」。幼い頃から1日2冊も読むほどファンタジー小説やSF小説にのめり込み、世界や人類を守るヒーローたちに憧れたと言います。「1」の人は、子どもの頃は「6」の発散エネルギーで生きています。興味の赴くままに読書体験を積み、自分が世界を救うヒーローになる姿を直観で見ていたのかもしれません。

マスク氏は、南アフリカ共和国で誕生し、両親の離婚や父親の再婚・離婚を経験するなど、複雑な養育環境で自立心を育み、第2数「1」を早々に目覚めさせました。

「1」は理想の実現に一直線に進むエネルギー。このエネルギーを第2数に持つ人は、信じて決めれば、決めた通りに進んでいき、不可能を可能にできる特性を持ちます。実

際、マスク氏は18歳で母親の実家があるカナダへ移住。「やる気さえあれば不可能も可能にできる国」とアメリカに心底憧れ、カナダのクイーンズ大学からアメリカのペンシルバニア大学へ奨学金を受けて進み、スタンフォード大学大学院に進学しました。

そして、大学院在学中の24歳で弟と友人と3人で起業。ここから、マスク氏のリーダーとしての人生が始まります。インターネット上のシティガイドを開発したZip2の設立を皮切りに、オンライン金融サービス事業やロケットの製造開発、電気自動車の製造販売、太陽光発電、そして旧ツイッター社の買収など、世界を驚かせ続けてきました。

その道のカリスマになるのも「1」のリーダーの特性。「自分は人より優れている」というプライドの高さがカリスマ性をつくります。一流を求める、プライドが高い、カリスマ性があるという「1」のエネルギーを彼は体現してみせています。

マスク氏の志は、今も「世界を、そして人類を救うこと」。次々と新しく、独自性の強いビジネスを立ち上げているように見えますが、関心は「インターネット」「クリーンエネルギー」、そして「宇宙」の3つ。この世界を、地球を、そして人類を救いたいという真っすぐな願いが、人類のリーダーでありたいと突き進む原動力になっています。

スティーブ・ジョブズ氏

アメリカの実業家。Ａｐｐｌｅ創業者など

バイオナンバー

５２１／１９５５年２月24日生

交換エネルギー「2」のリーダー

スティーブ・ジョブズ氏のバイオナンバーは「５２１」。第2数は「2」です。

彼は誕生後すぐにジョブズ家に養子に出され、養父母のもとで育ちました。第2数が「2」の人は幼少期を「5」の循環エネルギーで生きています。その最大の特性は頭の良さ。実際に彼は、1年飛び級して中学校に入学。また、リスクより、学んだことを実践したいという好奇心が勝ってしまうのも「5」の特性。幼い頃、ヘアピンが電気を通すか確認したくて、コンセントに差し込んで感電したという逸話もあります。

第2数は、思春期の頃から発揮されます。「2」の特性は、活性化すると人間関係の達人となるが、不活性化すると変わり者で、人と衝突することが多くなること。実際、自ら創業したＡｐｐｌｅ社から追放されてしまうというエピソードが強調されているジョブズ氏ですが、大切な場面で未来を拡大する重要な出会いを常に引き寄せています。

特に彼の人生に欠かせないのが、スティーブ・ウォズニアック氏（バイオナンバー「６３３」）との出会い。ウォズニアック氏はＡｐｐｌｅ創業者の一人で、天才的な技術者と有名です。ジョブズ氏がアイデアとビジネスを、ウォズニアック氏が技術を担当し、世界中の人の生活を一変させるパーソナルコンピューター（パソコン）を世に送り出しました。そんな二人の出会いはジョブズ氏16歳、ウォズニアック氏21歳のこと。衝突も多かった仲ですが、ジョブズ氏が亡くなるまで長いつきあいを続けました。

「２」のもう一つの特性は、情熱を注いで努力をすることで、あっという間にツキを引き寄せること。実際、七転び八起きの言葉がぴったりなほど波乱万丈なジョブズ氏の人生でしたが、どんなに大きなトラブルに遭遇しても、その後、さらに大きな幸運を得て不死鳥のごとくよみがえりました。その生き方は今も人々を魅了しています。

また、一見、冷たそうに見える人も、芯は優しいのが「２」の特性。自分を追放したのち、業績が悪化したＡｐｐｌｅ社に戻ったジョブズ氏。周囲の大変さなど顧みず、ｉｐｈｏｎｅなど唯一無二の製品開発をストイックに進め、世界随一の企業に立て直した根本には、リーダーとしての情熱と、彼の優しさがあったと考えられるのです。

制御エネルギー「3」のリーダー

松下幸之助氏

日本の実業家。
松下電器産業（現パナソニック）の創設者など

バイオナンバー
431／1894年11月27日生

松下幸之助氏のバイオナンバーは「431」。第2数は「3」です。

父親は和歌山県の小地主でしたが、米相場で失敗して破産。下駄屋を始めたものの、まもなく閉店。松下少年はわずか9歳で大阪にある火鉢店の丁稚奉公に出され、その後、自転車屋に移りました。第2数が「3」の人は、幼少期は「4」の蓄積エネルギーで生きていきます。その最大の特性は堅実さ。ルールなど決められた枠の中で忍耐強く成果を出していく「4」の特性は、奉公生活を耐え抜くには最適だったかもしれません。

逆境の生活は、自立心を旺盛にし、第2数を速やかに発揮させます。松下氏もいち早く第2数の「3」を活性化させていきました。大阪市内を走る路面電車を見て「これからは電気の時代だ」と直感し、16歳で大阪電灯（現：関西電力）に入社するなど、その世界に飛び込みました。

当時、電球は家に直接電線を引いて灯しており、発熱による火災のリスクがあるなど、取り扱いに注意が必要でした。松下氏は、誰でも簡単に取り外せる安全な電球ソケットを考案。妻や家族とともに大変な苦労のうえに商品化に成功。彼の電球は松下電器の原点となりました。「３」は創意工夫を得意とするエネルギー。類《たぐい》まれな応用・改良の力で新たな時代を築くパワーがあります。０から１を生み出すことより、１から１００の発展を築くことを得意とする「３」のエネルギーは、すでに他社から発売されている先行の製品をとことん研究し、使いやすく高品質の製品に応用・改良して世に送り出してきた松下電器のビジネスモデルとぴったりと適合します。

一方で、四方八方にアンテナを張り、新しい刺激を求めて必要な情報を最適にキャッチし、話術と表現力で人の心を虜にするのも「３」の特性。松下氏はＰＨＰ研究所を設立して教育や出版の活動に取り組み、晩年には、政治家の育成のための松下政経塾を始めるなど、大勢の人に慕われてきました。リーダーに必要なのは「運と愛嬌」、また「人は素直さが何より大事」と語るなど、分かりやすく心に沁みる言葉の数々を残し、現在も世界中のリーダーたちの手本であり続けています。

蓄積エネルギー「4」のリーダー

稲盛和夫氏

日本の実業家。京セラ・第二電電（現ＫＤＤＩ）創設者など

バイオナンバー

644／1932年1月21日生

稲盛和夫氏のバイオナンバーは「６４４」。第2数は「4」です。

7人きょうだいの次男として生まれ、幼少期は甘えん坊。小学校時代は手がつけられないガキ大将だったという稲盛少年。「4」の人の幼少期は、制御エネルギーの「3」のエネルギーは明るく自由闊達、その反面、ルールなどの型にはめられると不活性化します。稲盛少年は、明るく社交的な母親に「勉強しなさい」などと叱られることなく、たっぷりの愛情を注がれて育ったそうです。

稲盛氏が京都セラミック（現京セラ）を創業したのは27歳の時。52歳で第二電電（現ＫＤＤＩ）を設立、78歳では政府の要請を受けて日本航空の再建に乗り出すなど、経営手腕を発揮し続けました。

「4」の蓄積エネルギーは、仕組みをつくることを得意とするエネルギーでもあります。

組織を一つにまとめ、そこに属する人たちを豊かにし、大きく発展させていくには基本が重要です。その徹底した仕組みづくりができる知力・気力・体力・忍耐力を「４」の人は与えられています。その作業に妥協はいっさい持ち込みません。そうして自分の中に確固たる軸を築くと、そこからは実力が一気に開花します。思考に軸ができているので、どんな状況でもぶれることなく、冷静に対処できるのです。

稲盛氏の経営の方法は、まさに「４」の特性そのものです。社内を、独立採算で運営する小さな組織に分け、そのリーダーたちの経営意識を育むとともに、共同経営のような仕組みで会社を運営する「アメーバ経営」、京セラを発展させた経営哲学から仕事や人生の指針をまとめた「京セラフィロソフィ」の他、「稲盛経営学」「経営12カ条」など、経営の原理原則を独自に築き、多くの人を導いてきました。

ルールを重視する「４」の人は、自由を愛する「３」の利害関係者たちに「堅苦しい」と感じられやすいのですが、大勢の若き経営者たちは経営塾「盛和塾」において熱心に学び、世界中の人たちがその思想を知識として得たいと求めました。それは、穏やかにほほ笑む稲盛氏の人間的魅力も大きかったからなのです。

ドナルド・トランプ氏

アメリカの実業家。前大統領・政治家など

バイオナンバー　251／1946年6月14日生

循環エネルギー「5」のリーダー

ドナルド・トランプ氏のバイオナンバーは「251」。第2数は「5」です。

「5」の人は、幼少期を「2」の交換エネルギーで生きています。「2」の情熱的なエネルギーは過剰になると競争心や闘争心を高めます。不動産業を営む父親から「おまえは王になれ」と言われ続けたトランプ少年は、暴力的な面が強かったと伝えられています。そのため、13歳でニューヨーク・ミリタリー・アカデミーに入学させられ、軍隊式の教育を叩き込まれ、「5」のエネルギーを目覚めさせていったと考えられます。

「5」の循環エネルギーは、宇宙や自然の法則に則って物事を理路整然と判断する特性があります。とにかく考え尽くして納得すると、自信を持って物事を進めていきます。

過激な言動ばかりが報道されるトランプ氏ですが、交渉に際しては、相手を徹底的に研究し、完全勝利できると確信を持てるところまで準備を重ねます。考えることをエネルギー源とする「5」の人は、学びを積んで割り切った考え方ができると、大変な強さを発揮します。ビジネスの巨頭にのし上がった実業家の手腕は、どんな窮地に陥っても、完全勝利の方法を考え抜く、その特性が礎になっていると考えられます。

そんな「5」の特性は、政治にも発揮されています。トランプ氏の過激な言動の裏側をよく見れば、自身の思想に偏っているとはいえ、「アメリカ・ファースト」を打ち出し、アメリカの利益や安全保障を最優先に物事を循環させようとしていると分かります。

また、「5」の人は、「2」で生きていた少年時代の経験から、武力では何も解決しないと身を持って知っており、根は平和主義です。トランプ氏の過激な言動は、テレビ番組の司会業で培った民衆の注目をいっきに集めるノウハウに基づくもの。トランプ氏が大統領に返り咲いた際には、過激な言動を用いてでも、戦争を終わらせるはずです。

ただし、「5」の人は謙虚さを忘れると、人の痛みに鈍感になります。周囲の反発を軽んじれば、人心は離れるばかりです。「5」の人に大切なのは、自分の考えに固執せず、謙虚になって周りの意見を聞くこと。ここを実行できれば、彼の賛同者はいっきに増え、「戦争を終わらせた大統領」とプラスの面で後年に名を残すだろうと予測できるのです。

発散エネルギー「6」のリーダー

岡田卓也氏 イオン創業者

バイオナンバー 565／1925年9月19日生

岡田卓也氏のバイオナンバーは565。第2数は「6」です。

「6」の人は幼少期を「1」の集中エネルギーで生きています。老舗呉服商・岡田屋の7代目として誕生し、両親を続けて幼少期に亡くしましたが、姉たちや従業員に大切に育てられ、「岡田屋の暖簾を守る」という志を幼くして持ちました。戦時中に青春時代を過ごし、学徒出陣で入隊すると、鉄拳制裁の暴力を日常的に受けたと言われます。

戦後は、二番目の姉の千鶴子氏（バイオナンバー「246」）とともに店の再建に取り組みました。「6」のリーダーは、側で支えてくれる賛同者によって人生が大きく変わります。発散エネルギーの「6」は、アイデアが次々に湧いてきて、未知の分野へのチャレンジ精神も旺盛。それだけに、しっかりと導いてくれる人がいないと、方向性を見失いやすいのです。岡田氏にとっては、千鶴子氏が精神的支柱であり続けました。

そんな二人が守り通したのが「大黒柱に車をつけよ」という岡田屋の家訓。1つのところにとどまるのではなく、客が求める場所で、時代の変化を先取りして、客のために商売をしなさいという教えです。この家訓に従って、岡田氏は呉服商から総合スーパーへと事業を拡大し、他企業との提携・合併によりジャスコを創業しました。そして、さらに多くの小売会社を合併し、イオングループを築いたのです。

現在、イオンの店舗数は1万8000弱、グループ従業員数は約60万人。日本経済を支える重要な屋台骨の一つに発展しています。イオンの名は老若男女を問わず誰もが知っています。ところが、創業者である岡田氏の名は、イオンほどは知られてはいません。

一代で成功を収めた経営者の多くが、その手腕を積極的に発信する中で、岡田氏はそれをほとんどしていないのです。これも「6」の特性の一つ。出る杭は打たれることをよく知っている「6」のリーダーは、自身が目立つことに興味がないのです。

それよりも、世のため人のために今の自分に何ができるのか、湧き起こってくるアイデアに従って新たなチャレンジを続けることこそ重要と考えています。100歳を目の前に岡田氏は現在、イオン環境財団にて植樹活動を熱心に行っているとのことです。

あとがき

人には、「4段階の気づきのレベル」があります。

本書を読み終えて、あなたは自分のことを客観視できるようになっているはずです。

そこで、「今」の自分がどのレベルにあるのか、観察してみてください。

【レベル1　気づかない人】〈例〉新入社員　〈今後の課題〉学ぶ

◎特性：自信がない。自分のことで精一杯（余裕がない）。物事を知らない。素直さと謙虚さにかける。無知。

◎その結果：主体性がない。気づくだけのエネルギーがない。人の言いなりになる。善悪が分からないため、人から騙されたり、人を騙したりする。

◎今後の対応：謙虚に学び、教えを乞う。素直な気持ちで経験を積み、自信をつける。リーダーはレベル1の人にはサポートが必要なので、良い環境で褒めて育てる。

【レベル2　気づく人】〈例〉一般社員　〈今後の課題〉志を持つ
◎特性：謙虚な姿勢、学ぶ意欲がある。素直に受け入れる。色々な挑戦をする。
◎その結果：自信が得られて良い結果につながる。ともすると有頂天になりやすい。少しの結果で満足しステップアップできない。過去の成功体験にとらわれて現状脱皮できない。スランプ状態でマンネリ化し成長が止まる。
◎今後の対応：夢や志を持つ。人に頼らず、すべて自力で成し遂げる。責任ある立場に推挙されるように良い結果を出す。現状脱皮するために、自力で起業できるよう、行動を起こす。リーダーはレベル2の人に志を持つよう指導する。

【レベル3　気づきを与える人】〈例〉経営者及び管理者　〈今後の課題〉謙虚になる
◎特性：成功体験があり、何とかなるという自信（絶対的自信）がある。人に色々教えたい。人を客観視できるが、自分を客観視できない。
◎その結果：成功体験があるので、教育と思って何かにつけてこうあるべきと改善を要求する。その結果、人から嫌われる（パワハラになりやすい）。成長意欲があり、良い結果を出す。意図しないことがあると、人のせいにしたり、マイナス発言したりする。何かにつけて独りよがりになりやすく、疑心暗鬼になって孤立する時がある。

◎今後の対応：周りを変えようとしない。相手を現状分析し、批判するのをやめる。自分が変われば周りが変わると気づく。周りに伝える時は、かたくならずにこやかに伝える。周りの人の良いところを褒めて、良い気持ちにさせる。プラスもマイナスもすべて自分がつくり、引き寄せた現象であると謙虚に気づき素直に自己修正する。

【レベル4　意識して気づき自己修正する人】〈例〉バイオエネルギー理論実践者

〈今後の課題〉周りを正しく導く

◎特性：自分を客観視できる。自分の問題点に気づき自己修正する。自分が中心であり周りはすべて自分がつくった世界であると認識できるが、気を抜かない。修行が必要。

◎その結果：進化成長する。思い通りになる。周りから評価される。

◎今後の対応：気づきのメカニズムを周りに伝えて、お互いに共有し、正しく導く。

ほとんどの経営者はレベル3で足踏みをし、立ち止まっています。しかし、本書をよく読み、毎日バイオエネルギーが活性化するよう実践していけば、**誰もがレベル4、す**

バイオエネルギー理論「４段階の気づきのレベル」

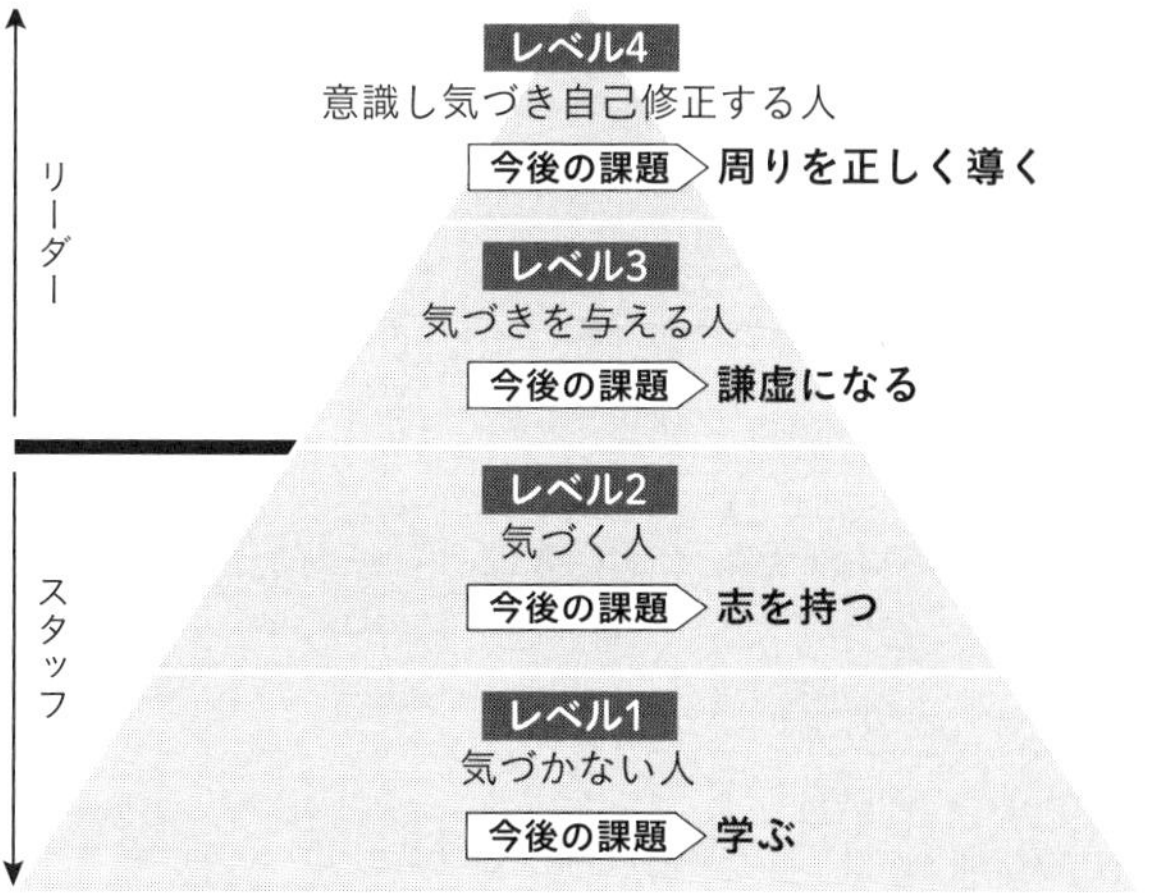

ベックスコーポレーションでは【レベル４】のさらに上を行く「無理なく自然に思い通りの未来を築くプログラム【レベル５】」を会員の経営者に提供しています。興味ある方はお尋ねいただければ幸いです。

なわち最高のリーダーを目指せます。ただし、レベル４の維持は至難の業で、まさに修行の領域です。それを可能にするには、人と一緒にいる時には常に気を抜かないこと。気づきは過去の言動によってくり返し与えられます。人生は気づいたもの勝ちです。**最高のリーダーとは気づきの達人**のことなのです。本書が、リーダーという立場で世のため人のために邁進する皆さまに役立つことを願っています。

表A バイオナンバー第1数早見表

西暦	第1数	西暦	第1数	西暦	第1数	西暦	第1数	西暦	第1数
1900年	4	1930年	4	1960年	4	1990年	4	2020年	4
1901年	5	1931年	5	1961年	5	1991年	5	2021年	5
1902年	6	1932年	6	1962年	6	1992年	6	2022年	6
1903年	1	1933年	1	1963年	1	1993年	1	2023年	1
1904年	2	1934年	2	1964年	2	1994年	2	2024年	2
1905年	3	1935年	3	1965年	3	1995年	3	2025年	3
1906年	4	1936年	4	1966年	4	1996年	4	2026年	4
1907年	5	1937年	5	1967年	5	1997年	5	2027年	5
1908年	6	1938年	6	1968年	6	1998年	6	2028年	6
1909年	1	1939年	1	1969年	1	1999年	1	2029年	1
1910年	2	1940年	2	1970年	2	2000年	2	2030年	2
1911年	3	1941年	3	1971年	3	2001年	3	2031年	3
1912年	4	1942年	4	1972年	4	2002年	4	2032年	4
1913年	5	1943年	5	1973年	5	2003年	5	2033年	5
1914年	6	1944年	6	1974年	6	2004年	6	2034年	6
1915年	1	1945年	1	1975年	1	2005年	1	2035年	1
1916年	2	1946年	2	1976年	2	2006年	2	2036年	2
1917年	3	1947年	3	1977年	3	2007年	3	2037年	3
1918年	4	1948年	4	1978年	4	2008年	4	2038年	4
1919年	5	1949年	5	1979年	5	2009年	5	2039年	5
1920年	6	1950年	6	1980年	6	2010年	6	2040年	6
1921年	1	1951年	1	1981年	1	2011年	1	2041年	1
1922年	2	1952年	2	1982年	2	2012年	2	2042年	2
1923年	3	1953年	3	1983年	3	2013年	3	2043年	3
1924年	4	1954年	4	1984年	4	2014年	4	2044年	4
1925年	5	1955年	5	1985年	5	2015年	5	2045年	5
1926年	6	1956年	6	1986年	6	2016年	6	2046年	6
1927年	1	1957年	1	1987年	1	2017年	1	2047年	1
1928年	2	1958年	2	1988年	2	2018年	2	2048年	2
1929年	3	1959年	3	1989年	3	2019年	3	2049年	3

（網掛け）うるう年

表B(1) 第1数が［1］の場合

日＼月	1	2	3	4	5	6	7	8	9	10	11	12
1	123	134	112	134	134	145	145	156	161	161	112	112
			123									
2	134	145	134	145	145	156	156	161	112	112	123	123
3	145	156	145	156	156	161	161	112	123	123	134	134
4	156	161	156	161	161	112	112	123	134	134	145	145
5	161	112	161	112	112	123	123	134	145	145	156	156
6	112	123	112	123	123	134	134	145	156	156	161	161
7	123	134	123	134	134	145	145	156	161	161	112	112
8	134	145	134	145	145	156	156	161	112	112	123	123
9	145	156	145	156	156	161	161	112	123	123	134	134
10	156	161	156	161	161	112	112	123	134	134	145	145
11	161	112	161	112	112	123	123	134	145	145	156	156
12	112	123	112	123	123	134	134	145	156	156	161	161
13	123	134	123	134	134	145	145	156	161	161	112	112
14	134	145	134	145	145	156	156	161	112	112	123	123
15	145	156	145	156	156	161	161	112	123	123	134	134
16	156	161	156	161	161	112	112	123	134	134	145	145
17	161	112	161	112	112	123	123	134	145	145	156	156
18	112	123	112	123	123	134	134	145	156	156	161	161
19	123	134	123	134	134	145	145	156	161	161	112	112
20	134	145	134	145	145	156	156	161	112	112	123	123
21	145	156	145	156	156	161	161	112	123	123	134	134
22	156	161	156	161	161	112	112	123	134	134	145	145
23	161	112	161	112	112	123	123	134	145	145	156	156
24	112	123	112	123	123	134	134	145	156	156	161	161
25	123	134	123	134	134	145	145	156	161	161	112	112
26	134	145	134	145	145	156	156	161	112	112	123	123
27	145	156	145	156	156	161	161	112	123	123	134	134
28	156	161	156	161	161	112	112	123	134	134	145	145
29	161	112	161	112	112	123	123	134	145	145	156	156
30	112		112	123	123	134	134	145	156	156	161	161
31	123		123		134		145	156		161		112

うるう年生まれの方は　　　を見てください

表B(2) 第1数が［2］の場合

日＼月	1	2	3	4	5	6	7	8	9	10	11	12
1	224	235	213	235	235	246	246	251	262	262	213	213
			224									
2	235	246	235	246	246	251	251	262	213	213	224	224
3	246	251	246	251	251	262	262	213	224	224	235	235
4	251	262	251	262	262	213	213	224	235	235	246	246
5	262	213	262	213	213	224	224	235	246	246	251	251
6	213	224	213	224	224	235	235	246	251	251	262	262
7	224	235	224	235	235	246	246	251	262	262	213	213
8	235	246	235	246	246	251	251	262	213	213	224	224
9	246	251	246	251	251	262	262	213	224	224	235	235
10	251	262	251	262	262	213	213	224	235	235	246	246
11	262	213	262	213	213	224	224	235	246	246	251	251
12	213	224	213	224	224	235	235	246	251	251	262	262
13	224	235	224	235	235	246	246	251	262	262	213	213
14	235	246	235	246	246	251	251	262	213	213	224	224
15	246	251	246	251	251	262	262	213	224	224	235	235
16	251	262	251	262	262	213	213	224	235	235	246	246
17	262	213	262	213	213	224	224	235	246	246	251	251
18	213	224	213	224	224	235	235	246	251	251	262	262
19	224	235	224	235	235	246	246	251	262	262	213	213
20	235	246	235	246	246	251	251	262	213	213	224	224
21	246	251	246	251	251	262	262	213	224	224	235	235
22	251	262	251	262	262	213	213	224	235	235	246	246
23	262	213	262	213	213	224	224	235	246	246	251	251
24	213	224	213	224	224	235	235	246	251	251	262	262
25	224	235	224	235	235	246	246	251	262	262	213	213
26	235	246	235	246	246	251	251	262	213	213	224	224
27	246	251	246	251	251	262	262	213	224	224	235	235
28	251	262	251	262	262	213	213	224	235	235	246	246
29	262	213	262	213	213	224	224	235	246	246	251	251
30	213		213	224	224	235	235	246	251	251	262	262
31	224		224		235		246	251		262		213

うるう年生まれの方は ［網掛け］ を見てください

表B(3) 第1数が［3］の場合

日＼月	1	2	3	4	5	6	7	8	9	10	11	12
1	325	336	314	336	336	341	341	352	363	363	314	314
			325									
2	336	341	336	341	341	352	352	363	314	314	325	325
3	341	352	341	352	352	363	363	314	325	325	336	336
4	352	363	352	363	363	314	314	325	336	336	341	341
5	363	314	363	314	314	325	325	336	341	341	352	352
6	314	325	314	325	325	336	336	341	352	352	363	363
7	325	336	325	336	336	341	341	352	363	363	314	314
8	336	341	336	341	341	352	352	363	314	314	325	325
9	341	352	341	352	352	363	363	314	325	325	336	336
10	352	363	352	363	363	314	314	325	336	336	341	341
11	363	314	363	314	314	325	325	336	341	341	352	352
12	314	325	314	325	325	336	336	341	352	352	363	363
13	325	336	325	336	336	341	341	352	363	363	314	314
14	336	341	336	341	341	352	352	363	314	314	325	325
15	341	352	341	352	352	363	363	314	325	325	336	336
16	352	363	352	363	363	314	314	325	336	336	341	341
17	363	314	363	314	314	325	325	336	341	341	352	352
18	314	325	314	325	325	336	336	341	352	352	363	363
19	325	336	325	336	336	341	341	352	363	363	314	314
20	336	341	336	341	341	352	352	363	314	314	325	325
21	341	352	341	352	352	363	363	314	325	325	336	336
22	352	363	352	363	363	314	314	325	336	336	341	341
23	363	314	363	314	314	325	325	336	341	341	352	352
24	314	325	314	325	325	336	336	341	352	352	363	363
25	325	336	325	336	336	341	341	352	363	363	314	314
26	336	341	336	341	341	352	352	363	314	314	325	325
27	341	352	341	352	352	363	363	314	325	325	336	336
28	352	363	352	363	363	314	314	325	336	336	341	341
29	363	314	363	314	314	325	325	336	341	341	352	352
30	314		314	325	325	336	336	341	352	352	363	363
31	325		325		336		341	352		363		314

うるう年生まれの方は ▒ を見てください

表B(4) 第1数が［4］の場合

日＼月	1	2	3	4	5	6	7	8	9	10	11	12
1	426	431	415 426	431	431	442	442	453	464	464	415	415
2	431	442	431	442	442	453	453	464	415	415	426	426
3	442	453	442	453	453	464	464	415	426	426	431	431
4	453	464	453	464	464	415	415	426	431	431	442	442
5	464	415	464	415	415	426	426	431	442	442	453	453
6	415	426	415	426	426	431	431	442	453	453	464	464
7	426	431	426	431	431	442	442	453	464	464	415	415
8	431	442	431	442	442	453	453	464	415	415	426	426
9	442	453	442	453	453	464	464	415	426	426	431	431
10	453	464	453	464	464	415	415	426	431	431	442	442
11	464	415	464	415	415	426	426	431	442	442	453	453
12	415	426	415	426	426	431	431	442	453	453	464	464
13	426	431	426	431	431	442	442	453	464	464	415	415
14	431	442	431	442	442	453	453	464	415	415	426	426
15	442	453	442	453	453	464	464	415	426	426	431	431
16	453	464	453	464	464	415	415	426	431	431	442	442
17	464	415	464	415	415	426	426	431	442	442	453	453
18	415	426	415	426	426	431	431	442	453	453	464	464
19	426	431	426	431	431	442	442	453	464	464	415	415
20	431	442	431	442	442	453	453	464	415	415	426	426
21	442	453	442	453	453	464	464	415	426	426	431	431
22	453	464	453	464	464	415	415	426	431	431	442	442
23	464	415	464	415	415	426	426	431	442	442	453	453
24	415	426	415	426	426	431	431	442	453	453	464	464
25	426	431	426	431	431	442	442	453	464	464	415	415
26	431	442	431	442	442	453	453	464	415	415	426	426
27	442	453	442	453	453	464	464	415	426	426	431	431
28	453	464	453	464	464	415	415	426	431	431	442	442
29	464	415	464	415	415	426	426	431	442	442	453	453
30	415		415	426	426	431	431	442	453	453	464	464
31	426		426		431		442	453		464		415

うるう年生まれの方は［　　］を見てください

表B(5) 第1数が［5］の場合

日＼月	1	2	3	4	5	6	7	8	9	10	11	12
1	521	532	516	532	532	543	543	554	565	565	516	516
			521									
2	532	543	532	543	543	554	554	565	516	516	521	521
3	543	554	543	554	554	565	565	516	521	521	532	532
4	554	565	554	565	565	516	516	521	532	532	543	543
5	565	516	565	516	516	521	521	532	543	543	554	554
6	516	521	516	521	521	532	532	543	554	554	565	565
7	521	532	521	532	532	543	543	554	565	565	516	516
8	532	543	532	543	543	554	554	565	516	516	521	521
9	543	554	543	554	554	565	565	516	521	521	532	532
10	554	565	554	565	565	516	516	521	532	532	543	543
11	565	516	565	516	516	521	521	532	543	543	554	554
12	516	521	516	521	521	532	532	543	554	554	565	565
13	521	532	521	532	532	543	543	554	565	565	516	516
14	532	543	532	543	543	554	554	565	516	516	521	521
15	543	554	543	554	554	565	565	516	521	521	532	532
16	554	565	554	565	565	516	516	521	532	532	543	543
17	565	516	565	516	516	521	521	532	543	543	554	554
18	516	521	516	521	521	532	532	543	554	554	565	565
19	521	532	521	532	532	543	543	554	565	565	516	516
20	532	543	532	543	543	554	554	565	516	516	521	521
21	543	554	543	554	554	565	565	516	521	521	532	532
22	554	565	554	565	565	516	516	521	532	532	543	543
23	565	516	565	516	516	521	521	532	543	543	554	554
24	516	521	516	521	521	532	532	543	554	554	565	565
25	521	532	521	532	532	543	543	554	565	565	516	516
26	532	543	532	543	543	554	554	565	516	516	521	521
27	543	554	543	554	554	565	565	516	521	521	532	532
28	554	565	554	565	565	516	516	521	532	532	543	543
29	565	516	565	516	516	521	521	532	543	543	554	554
30	516		516	521	521	532	532	543	554	554	565	565
31	521		521		532		543	554		565		516

うるう年生まれの方は［網掛け部分］を見てください

表B(6) 第1数が［6］の場合

日＼月	1	2	3	4	5	6	7	8	9	10	11	12
1	622	633	611	633	633	644	644	655	666	666	611	611
			622									
2	633	644	633	644	644	655	655	666	611	611	622	622
3	644	655	644	655	655	666	666	611	622	622	633	633
4	655	666	655	666	666	611	611	622	633	633	644	644
5	666	611	666	611	611	622	622	633	644	644	655	655
6	611	622	611	622	622	633	633	644	655	655	666	666
7	622	633	622	633	633	644	644	655	666	666	611	611
8	633	644	633	644	644	655	655	666	611	611	622	622
9	644	655	644	655	655	666	666	611	622	622	633	633
10	655	666	655	666	666	611	611	622	633	633	644	644
11	666	611	666	611	611	622	622	633	644	644	655	655
12	611	622	611	622	622	633	633	644	655	655	666	666
13	622	633	622	633	633	644	644	655	666	666	611	611
14	633	644	633	644	644	655	655	666	611	611	622	622
15	644	655	644	655	655	666	666	611	622	622	633	633
16	655	666	655	666	666	611	611	622	633	633	644	644
17	666	611	666	611	611	622	622	633	644	644	655	655
18	611	622	611	622	622	633	633	644	655	655	666	666
19	622	633	622	633	633	644	644	655	666	666	611	611
20	633	644	633	644	644	655	655	666	611	611	622	622
21	644	655	644	655	655	666	666	611	622	622	633	633
22	655	666	655	666	666	611	611	622	633	633	644	644
23	666	611	666	611	611	622	622	633	644	644	655	655
24	611	622	611	622	622	633	633	644	655	655	666	666
25	622	633	622	633	633	644	644	655	666	666	611	611
26	633	644	633	644	644	655	655	666	611	611	622	622
27	644	655	644	655	655	666	666	611	622	622	633	633
28	655	666	655	666	666	611	611	622	633	633	644	644
29	666	611	666	611	611	622	622	633	644	644	655	655
30	611		611	622	622	633	633	644	655	655	666	666
31	622		622		633		644	655		666		611

うるう年生まれの方は ■ を見てください

経営者勉強会についてはコチラ

株式会社ベックスコーポレーションでは30年以上にわたり、バイオエネルギー理論を活用した、経営者向けの勉強会を実施しています。ご興味のある方は左のQRコードからお問い合わせください。

https://www.becs.co.jp/bioenergy/seminar/manager.html

アプリダウンロードはコチラ

バイオエネルギー理論とバイオナンバーについて、さらに詳しく知りたい方はこのQRコードを読みとっていただくと、株式会社ベックスコーポレーションが提供するBIONUMBERアプリを無料でダウンロードできます。

「適性心理分析テストPLUS®」についてはコチラ

30年以上、延べ10万人以上の方々にご利用いただいている適性心理分析テスト。バイオナンバーを基に作成され、興味の領域など複数の項目に関して分析されます。あらゆる角度から個々の診断コメントが表記されます。

※「バイオエネルギー理論」と「バイオナンバー」は
株式会社ベックスコーポレーションの登録商標です。

「最高のリーダー」になる技術
思い通りの未来を築く「バイオエネルギー理論」の活用法

２０２４年８月５日　初版発行

著者　香川　哲

香川　哲（かがわ・さとる）
株式会社ベックスコーポレーション代表取締役会長。１９５０年、香川県生まれでバイオナンバー６６６。株式会社ベックスコーポレーション創業者であり、バイオエネルギー理論の開発者。経営者を対象とした「人と企業のマネジメント」を行うコンサルタントとして活躍中。主な著書に『自己革命―36タイプ別セルフマネジメント戦略』（ダイヤモンド社）、『「バイオエネルギー理論」で人生を変える』『「バイオナンバー」で人の内面を読む』（共に、ワニブックス【ＰＬＵＳ】新書）。『人を活性化する経営』（ワニブックス【ＰＬＵＳ】新書）が、「人を大切にする経営学会」が選ぶ、２０２３年度の「人を大切にする経営学に関する研究奨励賞」を受賞。

発行者　佐藤俊彦
発行所　株式会社ワニ・プラス
〒１５０-８４８２
東京都渋谷区恵比寿４-４-９　えびす大黑ビル７Ｆ
発売元　株式会社ワニブックス
〒１５０-８４８２
東京都渋谷区恵比寿４-４-９　えびす大黑ビル
装丁　橘田浩志（アティック）
柏原宗績
編集協力　江尻幸絵
ＤＴＰ　株式会社ビュロー平林
印刷・製本所　大日本印刷株式会社

本書の無断転写・複製・転載・公衆送信を禁じます。落丁・乱丁本は
㈱ワニブックス宛にお送りください。送料小社負担にてお取替えいたします。
ただし、古書店で購入したものに関してはお取替えできません。
■お問い合わせはメールで受け付けております。
HPより「お問い合わせ」にお進みください。
※内容によってはお答えできない場合があります。
©Satoru Kagawa 2024
ISBN 978-4-8470-6223-0
ワニブックスＨＰ　https://www.wani.co.jp